C.H.BECK WISSEN

Schon bald nach dem Untergang des Dritten Reichs hatten es die Kirchen in der Sowjetischen Besatzungszone und der DDR erneut mit einem Regime zu tun, das sie politisch auf Parteilinie bringen und ansonsten so weit wie möglich marginalisieren wollte. Andreas Stegmann beschreibt anschaulich und quellennah, wie die Kirchen die ersten Jahre der Konfrontation überstanden, sich seit dem Mauerbau bei schnell abnehmenden Mitgliederzahlen mit dem Staat arrangierten und sich allmählich einer Modernisierung öffneten, die im Westen längst im Gange war. Diesem Aufbruch war es zu verdanken, dass vor allem die evangelischen Kirchen mit der Devise «Schwerter zu Pflugscharen» im letzten Jahrzehnt zum Partner der Friedens- und Umweltbewegung und zum Schutzraum der wachsenden Opposition in der DDR werden konnten. Der Schwerpunkt des kenntnisreichen Überblicks liegt auf den protestantischen Kirchen, weil sie bei weitem die meisten Mitglieder hatten, aber auch die katholische Kirche sowie Freikirchen wie die Methodisten oder die Herrnhuter Brüdergemeine kommen in den Blick.

*Andreas Stegmann* ist Privatdozent für Kirchengeschichte an der Humboldt-Universität und Mitglied der Historischen Kommission zu Berlin. Seine Forschungsschwerpunkte liegen in der Reformationsgeschichte und der kirchlichen Zeitgeschichte. 2014 wurde er mit dem Martin-Luther-Preis für den wissenschaftlichen Nachwuchs ausgezeichnet.

Andreas Stegmann

# DIE KIRCHEN IN DER DDR

*Von der sowjetischen Besatzung bis zur Friedlichen Revolution*

C.H.Beck

Mit 2 Karten


Originalausgabe

www.chbeck.de
Reihengestaltung Umschlag: Uwe Göbel (Original 1995, mit Logo),
Marion Blomeyer (Überarbeitung 2018)
Umschlagabbildung: Palast der Republik und Berliner Dom im
September 1990. © akg-images/picture-alliance/ZB/Reinhard Kaufhold
Satz: C.H.Beck.Media.Solutions, Nördlingen
Druck und Bindung: Druckerei C.H.Beck, Nördlingen
Printed in Germany
ISBN 978 3 406 76412 7

klimaneutral produziert
www.chbeck.de/nachhaltig

# Inhalt

# Einleitung

Die Geschichte der Neuzeit scheint mit einer Entzauberung der Welt einherzugehen, die kaum noch Raum für Religion lässt. *Ein* Strang der neuzeitlichen Geschichte macht das besonders deutlich: die Geschichte der Totalitarismen des 20. Jahrhunderts. Gleich ob links- oder rechtstotalitär, gleich in welcher Spielart oder Entwicklungsphase, die Totalitarismen waren religionskritisch und betrachteten die Kirchen als Hindernis auf dem Weg zur gänzlichen Erfassung und Umgestaltung der Gesellschaft. Das zeigte sich in der Sowjetunion seit 1917, im italienischen Faschismus der dreißiger Jahre und im deutschen Nationalsozialismus zwischen 1933 und 1945 – und auch in der Sowjetsatrapie auf deutschem Boden, die von 1945 bis 1990 bestand. Wie überall im sowjetischen Machtbereich verbanden sich auch in der Deutschen Demokratischen Republik (DDR) ideologische Religionskritik und Unterdrückung der Kirchen, gehörten doch am Ende des Zweiten Weltkriegs etwa neun Zehntel der Bevölkerung zu einer Kirche und waren die Kirchen und ihre Mitglieder ein ernstzunehmendes Hemmnis bei der Durchsetzung der Diktatur der Sozialistischen Einheitspartei Deutschlands (SED).

Tatsächlich waren die Kirchen die einzigen gesellschaftlichen Akteure in der DDR, die institutionell selbständig und überall präsent waren. Sie hemmten damit den Aufbau und die umfassende Durchsetzung des Sozialismus, die die SED mit großer Energie vorantrieb. Und sie blieben während der ganzen Zeit der SED-Herrschaft ein hemmender Faktor. Gerade in dem Jahrzehnt, als der SED-Staat endlich die Oberhand zu gewinnen und die meisten Kirchen auf eine staatsloyale Linie gebracht zu haben schien, gab es einen kirchlichen Aufbruch, der seinen Teil zur Friedlichen Revolution beitrug. Obwohl die Kirchen in der DDR in den mehr als vierzig Jahren ihrer Konfrontation mit dem Totalitarismus stark geschwächt wurden, haben sie am Ende geholfen, die Geschichte in neue Bahnen zu lenken.

Wenn im Folgenden von den Kirchen der DDR die Rede ist, dann wird damit ein weites und buntes religiöses Feld in den Blick genommen. Die Gesamtzahl an christlichen Religionsgemeinschaften lässt sich nicht genau bestimmen, sind die staatlichen Listen mit gemeldeten Gemeinschaften doch unvollständig, gab es immer wieder Spaltungen und Zusammenschlüsse und lösten sich einige kleinere Gruppierungen im Laufe der Zeit auf. Das Feld der etwa dreißig christlichen Religionsgemeinschaften auf dem Gebiet der DDR wurde vom landeskirchlichen Protestantismus dominiert, zu dem 1945 mehr als vier Fünftel der Bevölkerung und 1990 noch ein Viertel zählten. Die römisch-katholische Kirche war in der Sowjetischen Besatzungszone und der DDR Diasporakirche. Anfangs umfasste sie etwa ein Zehntel der Bevölkerung, später ein Zwanzigstel. Daneben gab es zahlreiche Freikirchen. Die größten unter ihnen mit jeweils mehreren zehntausend Mitgliedern waren die Methodisten und die Baptisten, während die meisten anderen Freikirchen nur auf wenige tausend oder hundert Mitglieder kamen. Ferner gab es noch christliche Sondergemeinschaften, die sich weder als Mitglieder noch als Gäste der Arbeitsgemeinschaft christlicher Kirchen anschlossen und Distanz zu ihrer Umwelt hielten – eben damit aber auch Menschen anzogen. So hatte die Neuapostolische Kirche mehrere zehntausend Mitglieder und die staatlich verbotenen Zeugen Jehovas mehrere tausend. Auch die Johannische Kirche, die Mormonen oder die Christengemeinschaft zählten zu den größeren Sondergemeinschaften.

Dieses religiöse Feld, zu dem als einzige nichtchristliche Religionsgemeinschaft die nach dem Holocaust stark zusammengeschrumpften jüdischen Gemeinden gehörten, umfasste einen im Laufe der Zeit kleiner werdenden Teil der Bevölkerung: Der Anteil der Konfessionslosen stieg bis zum Ende der DDR von etwa 5 auf fast 70 Prozent. Für die vorliegende Darstellung ergibt sich schon allein aus den Mitgliederzahlen, dass vor allem die Geschichte des landeskirchlichen Protestantismus zu erzählen ist.

Bei jeder Beschäftigung mit der DDR-Geschichte muss man sich klarmachen, dass die «kurzlebige DDR [...] nur ‹eine Fußnote der Weltgeschichte› [Stefan Heym]» war, wie der Historiker Hans-Ulrich Wehler zu Recht feststellt (Deutsche Gesellschaftsgeschichte, Bd. 5, 2008, 361). Das gilt auch für die Geschichte der Kirchen in der DDR, die sich unter so besonderen Umständen abgespielt hat, dass sie zwar interessant und lehrreich sein mag, aber eben nur einen Nebenstrang der neuzeitlichen Christentumsgeschichte bildet. Dennoch hat gerade die Geschichte der Kirchen in der DDR großes Interesse auf sich gezogen und ist mittlerweile gut erforscht. Das erklärt sich vor allem dadurch, dass sich aus der Konfrontation des politischen und des religiösen Anspruchs auf den ganzen Menschen viel lernen lässt, nicht nur über das moderne Christentum, sondern auch über den Totalitarismus.

In der Wissenschaft ist umstritten, was unter «Totalitarismus» zu verstehen ist, welche Herrschaftsgebilde man als totalitär bezeichnen soll und welchen Erkenntnisgewinn der Begriff erbringt. Am Beispiel des italienischen Faschismus hat der Historiker Emilio Gentile die in den 1950er Jahren entwickelte Theorie des Totalitarismus aktualisiert, und zwar so, dass sie auch die nationalsozialistische und die sowjetkommunistische Herrschaft erklären hilft:

> Als «Totalitarismus» möchte ich [...] definieren: ein Experiment politischer Herrschaft, das von einer revolutionären Bewegung begonnen und von einer streng hierarchischen Partei organisiert wird, einer integralistischen Konzeption von Politik folgt, auf das Machtmonopol zielt und nach dessen Erwerb auf legalem oder außerlegalem Weg die zuvor bestehende Herrschaft zerstört oder umgestaltet und einen neuen Staat errichtet, der auf Einparteienherrschaft basiert und als Hauptziel die Gewinnung der Gesellschaft verfolgt, das heißt die Unterwerfung, Eingliederung und Vereinheitlichung der Beherrschten aufgrund des Prinzips der politischen Bedeutsamkeit der individuellen und kollektiven Existenz, die mit den Kategorien, Mythen und Werten einer palingenetischen [= die nationale Wiedergeburt verheißenden] Ideologie interpretiert und in Form einer politischen Religion sakra-

> lisiert wird. Ziel ist, das Individuum und die Massen mittels einer anthropologischen Revolution zu formen und so das menschliche Wesen wiederherzustellen, ja einen neuen Menschen zu schaffen, der sich mit Leib und Seele für die Verwirklichung der revolutionären und imperialen Politik der totalitären Partei einsetzt, um so eine neue Zivilisation supranationalen Charakters zu begründen. (E. Gentile, La via italiana al totalitarismo. Il partito e lo stato nel regime fascista, $^{2}$2018, 18; Übersetzung durch den Verf.).

Auf den SED-Staat passen manche Elemente dieser Definition nicht oder bedürfen der Anpassung. Für die Beschäftigung mit der DDR-Kirchengeschichte erweist sie sich allerdings als hilfreich, weil sie den Punkt benennt, wo der SED-Staat unweigerlich in Konflikt mit den Kirchen kam: die Schaffung des neuen Menschen. Die «anthropologische Revolution» war von Anfang an eine Verheißung des Christentums. So schreibt der Apostel Paulus um das Jahr 55 an die von ihm gegründete christliche Gemeinde in Korinth: «Ist jemand in Christus, so ist er eine neue Kreatur; das Alte ist vergangen, siehe, Neues ist geworden» (2 Kor 5,17). In der Kirche, so der Anspruch, werde das mit Christus anhebende Neue in der vergehenden alten Welt anschaulich. Dass es der christliche Glaube sei, der die anthropologische Revolution bewirke, und dass diese grundlegende Erneuerung des Menschen ihre soziale Organisationsform in der christlichen Kirche finde, wurde vom Totalitarismus gleich welcher ideologischen Prägung bestritten. Dagegen wurde der Anspruch gesetzt, dass die Erneuerung von der revolutionären Bewegung und der von ihr getragenen Partei ausgehe. Das galt auch in der DDR: Nicht ohne Grund wurden die Kulturhäuser in Borstendorf im Erzgebirge und in Lübbenau in der Niederlausitz in den 1950er Jahren «Neues Leben» benannt, das Zwickauer Kulturhaus hieß «Neue Welt», und die 1958 von der SED verkündeten «Zehn Gebote der sozialistischen Moral» waren «für den neuen sozialistischen Menschen» bestimmt (Schroeder: Der SED-Staat, 972, Dok. 12). Den damit verbundenen Anspruch, die kollektive und die individuelle Existenz im

Sinne einer politischen Ideologie gänzlich umzugestalten, hatte wenige Jahre zuvor schon der Nationalsozialismus propagiert. Dagegen hatte die 1934 in Wuppertal-Barmen versammelte Synode der Bekennenden Kirche festgestellt:

> Jesus Christus, wie er uns in der Heiligen Schrift bezeugt wird, ist das eine Wort Gottes, das wir zu hören, dem wir im Leben und im Sterben zu vertrauen und zu gehorchen haben. [...] Wie Jesus Christus Gottes Zuspruch der Vergebung aller unserer Sünden ist, so und mit gleichem Ernst ist er auch Gottes kräftiger Anspruch auf unser ganzes Leben. (KJ 60–71, 1933–1944, 71)

Das bedeutet für die christliche Lebensführung:

> Wir verwerfen die falsche Lehre, als gebe es Bereiche unseres Lebens, in denen wir nicht Jesus Christus, sondern anderen Herren zu eigen wären, Bereiche, in denen wir nicht der Rechtfertigung und Heiligung durch ihn bedürften. (ebd.)

Aus diesem religiösen Ganzheitsanspruch folgt die Ablehnung jedes politischen Totalitätsanspruchs:

> Wir verwerfen die falsche Lehre, als solle und könne der Staat über seinen besonderen Auftrag [nämlich: in der noch nicht erlösten Welt nach dem Maß menschlicher Einsicht und menschlichen Vermögens unter Androhung und Ausübung von Gewalt für Recht und Frieden zu sorgen] hinaus die einzige und totale Ordnung menschlichen Lebens werden und also auch die Bestimmung der Kirche erfüllen. (a.a.O., 72)

Die Barmer Theologische Erklärung war für den Protestantismus in der DDR von großer Bedeutung. Und das nicht ohne Grund: Im NS- wie im SED-Staat prallten politischer Totalitäts- und religiöser Ganzheitsanspruch aufeinander.

Für den deutschen Nationalsozialismus, den italienischen Faschismus und den sowjetischen Stalinismus ist die Kennzeichnung als «totalitär» gängig und – gerade auch im Wissen um die erheblichen Unterschiede zwischen diesen Systemen – wissenschaftlich weithin akzeptiert. Umstritten ist, ob auch die DDR, zumal nach der Distanzierung vom Stalinismus in den fünfziger Jahren, als totalitärer Staat bezeichnet werden kann. In der Tat hat es innerhalb der kommunistischen Parteidiktaturen Veränderungen und Entwicklungen gegeben, die die älteren und neueren Definitionen des Totalitarismus nicht mehr anwendbar erscheinen lassen. So erlahmte die Dynamik der revolutionären Bewegung, die «palingenetische Ideologie», also das Versprechen einer gänzlichen Erneuerung von Welt und Mensch durch das Regime, verlor an Überzeugungskraft, und die umfassende Konditionierung der Gesellschaft im Sinne der Machthaber kam an ihre Grenzen.

Man kommt aber nicht umhin, die «klassische» Totalitarismusdefinition von Carl Joachim Friedrich und Zbigniew Brzeziński mit ihrem «Katalog von sechs grundlegenden, in wechselseitiger Beziehung stehenden Merkmalen totalitärer Diktatur» für alle Phasen der Geschichte des SED-Staats erfüllt zu sehen: Ideologie, Einparteienstaat, Geheimpolizei, Kommunikationsmonopol, Waffenmonopol und zentrale Wirtschaftslenkung (N. Kapferer in: Hist. Wörterbuch der Philosophie, Bd. 10, 1998, 1298). Von der DDR als einem «(spät-)totalitäre[n] Versorgungs- und Überwachungsstaat» (Schroeder: Der SED-Staat, 905) zu sprechen, ist darum angemessen.

Die DDR so zu betrachten, öffnet die Augen für bestimmte Aspekte ihrer Geschichte, etwa die Geschichte der Kirchen in der DDR, die von den späten vierziger bis zu den späten achtziger Jahren im Zeichen der Konfrontation mit dem Totalitätsanspruch des SED-Staats stand. Die Art und Weise, wie diese Konfrontation ausgetragen wurde, änderte sich im Laufe der Jahrzehnte, ohne dass der Grundkonflikt, auf den bereits 1934 die Barmer Theologische Erklärung hinwies, überwunden worden wäre.

Gegen diese Feststellung wird eingewandt, dass die SED keineswegs eine religions- und kirchenfeindliche Partei gewesen sei und auch keinen atheistischen Staat aufgebaut habe. Zu Konflikten sei es da gekommen, wo der SED-Staat gegen politisch problematische Auswüchse von Religion habe vorgehen müssen. Die Gewissens- und Glaubensfreiheit und das Recht zur Praktizierung des Glaubens hätten die Machthaber aber nicht angetastet, und in den siebziger und achtziger Jahren hätten sie ihren Frieden mit den Kirchen gemacht. So behaupteten zwei systemnahe Professoren Mitte der achtziger Jahre, dass

> Kommunisten und Gläubige von unterschiedlichen, philosophisch-weltanschaulich entgegengesetzten Standpunkten ausgehen, die auch bei politischen Überlegungen und Entscheidungen zweifellos eine mehr oder weniger große Rolle spielen. Der durch diese weltanschaulichen Gegensätze konstituierte objektive dialektische Widerspruch hat in der DDR jedoch längst schon eine für die Gestaltung der Beziehungen zwischen Kommunisten und Christen geeignete Bewegungsform. (O. Klohr, H. Lutter: Aktuelle Probleme der Zusammenarbeit von Kommunisten und Gläubigen, in: Deutsche Zeitschrift f. Philosophie 33, 1985, 882)

Sie sehen das Verhältnis von SED-Staat und Christen bestimmt von der «Orientierung am Gemeinsamen, Verbindenden», von «Offenheit und Freimütigkeit in den Beziehungen», von «gegenseitige[r] Achtung und Respektierung der weltanschaulichen Motivation des anderen im Geiste echter Toleranz» und von «konstruktive[r] Loyalität» (ebd.). Man kann bezweifeln, dass diese Sicht des Verhältnisses von SED-Staat und Kirchen zutrifft. Sie macht allerdings darauf aufmerksam, dass die Geschichte der Kirchen in der DDR nicht nur als Geschichte des Konflikts zweier konkurrierender Ganzheitsansprüche erzählt werden muss, sondern auch als Geschichte der Abmilderung und Einhegung dieses Konflikts.

Die folgende Darstellung basiert auf zeitgeschichtlicher Forschung, die seit der Mitte des 20. Jahrhunderts die Entwicklung in der DDR verfolgt und seit 1990 die Archivbestände in unmittelbarer zeitlicher Nähe zum untersuchten geschichtlichen Phänomen umfassend aufgearbeitet hat. Allerdings gibt es immer noch Wissenslücken, und über die Deutung der DDR-Geschichte wird weiter kontrovers diskutiert. Das Folgende kann darum nur eine Zwischenbilanz sein, die in ihrer Anlage und Durchführung die Kenntnisse, Interessen und Überzeugungen des Verfassers spiegelt. Dass das Verhältnis der Kirchen zum SED-Staat den roten Faden der Darstellung bildet, verdankt sich der Einsicht, dass die Geschichte der Kirchen in der DDR entscheidend von diesem Gegenüber bestimmt war. Das unterscheidet die DDR-Kirchengeschichte von der deutschen Kirchengeschichte des langen 19. Jahrhunderts oder der Geschichte der Kirchen in der Bundesrepublik Deutschland in der zweiten Hälfte des 20. Jahrhunderts. Hier war zwar das Verhältnis von Kirche und Staat immer ein wichtiger, doch nicht der dominante Aspekt. In der DDR dagegen waren das kirchliche Leben, die persönliche Frömmigkeit und das theologische Denken durchweg vom schwierigen Verhältnis zwischen Kirche und Staat überschattet. Zwar veränderte sich in der DDR wie in der Bundesrepublik die Lebenswelt durch Modernisierung, Pluralisierung und Individualisierung, und hier wie dort waren die Kirchen durch diese Veränderungsprozesse herausgefordert. Aber in der DDR hatten sie viel weniger Möglichkeiten, darauf zu reagieren. Dennoch bemühten sich die Kirchen in der DDR, beide Herausforderungen – den Konflikt mit dem SED-Staat und den soziokulturellen Wandel – zu meistern. Von beidem wird darum zu erzählen sein, auch davon, wie sich beides in der Endphase der DDR unerwartet miteinander verband, aber im Vordergrund wird das Gegenüber der Kirchen zum SED-Staat stehen.

# 1. Die Bewältigung der Kriegsfolgen (1945–1949)

## Organisatorische Kontinuitäten und Neuanfänge

Das Ende des Zweiten Weltkriegs war ein großer Einschnitt für die Deutschen. Der Krieg hatte tiefe Wunden gerissen, der Friede ging mit weitreichenden Veränderungen einher. Die alliierten Besatzer machten sich an den Neuaufbau eines freien Deutschlands, was zunächst hieß, dass staatliche Strukturen abgewickelt, die wirtschaftliche Tätigkeit beschränkt und das gesellschaftliche Leben reduziert wurden. Das Neue gewann nur langsam Gestalt. Halt und Hilfe boten in diesem schwierigen Übergang die Kirchen. Das Nachkriegsdeutschland war immer noch ein sich zu großen Teilen zum Christentum bekennendes Land, und die Kirchen waren ein selbstverständlicher und vielerorts immer noch wichtiger Teil des Alltagslebens. Die Besatzungsmächte respektierten das und bezogen die Kirchen nicht in die Abwicklung des alten Deutschlands ein. Vielmehr ließen sie zu, dass die Kirchen für eine kurze Zeit zu Interessenvertretern der entmündigten Bevölkerung wurden und mit materieller und spiritueller Hilfe den Übergang erleichtern halfen.

Die beiden großen Kirchen füllten die ihnen zugefallene Rolle verantwortungsvoll aus. Nach dem Ersten Weltkrieg waren sie aus der Unterordnung unter den Staat entlassen worden und hatten in den 1920er Jahren ihre Bedeutung als zivilgesellschaftliche Akteure gefestigt. Die Weimarer Republik bot ihnen zahlreiche Möglichkeiten, und der kulturelle Aufbruch dieses bewegten Jahrzehnts wirkte sich auch im Raum der Kirchen aus. Der Aufstieg des Nationalsozialismus und die auch im kirchlichen Bereich begrüßte «nationale Revolution» des Jahrs 1933 zeigten allerdings, dass das 20. Jahrhundert nicht unbedingt das «Jahrhundert der Kirche» werden würde, das der kurmärkische Generalsuperintendent Otto Dibelius 1926 selbstbewusst ausgerufen hatte.

Bald erwies sich, dass der Nationalsozialismus sein Verhältnis zur Kirche machttaktisch bestimmte: Bis 1933 warb er mit der Parole vom «positiven Christentum» um die Stimmen der kirchlichen Wähler. Mit dieser propagandistischen Leerformel signalisierte die NSDAP, dass sie anders als die linken Parteien kirchenfreundlich eingestellt und im Unterschied zur katholischen Zentrumspartei und zur von Protestanten dominierten Deutschnationalen Volkspartei (DNVP) konfessionell nicht festgelegt war. Nach der Etablierung der Diktatur machte sich der Nationalsozialismus dann aber daran, die Kirchen als Macht- und Einflussfaktor auszuschalten. Das Ziel der NS-Führung war es, die Kirchen an den Rand zu drängen und den christlichen Glauben zu ersticken, um unbehindert durch das Herkommen einen neuen Menschen und eine neue Welt zu schaffen. Obwohl die römisch-katholische Kirche und die evangelischen Landeskirchen die Gefahr erkannten, die der Nationalsozialismus für sie bedeutete, und sich nach und nach auch zu wehren begannen, blieben sie durch politische Rücksichtnahmen und nationale Sympathien gehemmt. Der römische Katholizismus ließ sich 1933 durch das Reichskonkordat auf sein religiöses Leben beschränken, und der landeskirchliche Protestantismus setzte dem Versuch der deutschchristlichen Gleichschaltung und dem dadurch hervorgerufenen organisatorischen und geistlichen Chaos zu wenig entgegen. Entschiedenes Handeln gab es nur in Teilen der Kirchen – bei den Protestanten etwa in Gestalt der Bekennenden Kirche, die den «Kirchenkampf» gegen die Deutschen Christen führte –, ohne dass das viel Wirkung gehabt hätte. Der totalitären Herausforderung erwiesen sich die Kirchen kaum gewachsen, und es fragt sich, ob sie mit ihrer organisatorischen Macht, die in der Mitgliedschaft eines Großteils der Bevölkerung gründete, einer forcierten Entkirchlichungs- und Entchristlichungspolitik wirksam hätten entgegentreten können.

Die Kirchen versagten aber nicht nur, wo es um die Bewahrung ihrer eigenen Existenz ging, sondern auch da, wo der christliche Glaube im Alltag des Lebens und in den Ausnahmesituationen menschlicher Existenz gefordert gewesen wäre. Von der Kindererziehung bis zur Judenverfolgung gab es viele Gelegenheiten, den Glauben zu bekennen und dem Apostel Petrus folgend rote Linien zu ziehen: «Man muss Gott mehr gehorchen als den Menschen» (Apostelgeschichte 5,29). Allzu oft gingen diese Gelegenheiten ungenutzt vorüber. Selbst im Zweiten Weltkrieg, der viele Menschen die Religion als Trost und Orientierung wiederentdecken ließ, konnten die Kirchen ihre Versäumnisse nur teilweise wieder wettmachen.

Nach dem Kriegsende 1945 waren die beiden christlichen Kirchen in Deutschland die einzigen verbliebenen Großorganisationen. Nicht ganz zu Unrecht konnten sie für sich in Anspruch nehmen, die Bevölkerung zu repräsentieren. In den Augen der alliierten Siegermächte waren sie Opfer des NS-Regimes gewesen. Ihre Verstrickungen in den Nationalsozialismus und ihr Versagen angesichts der totalitären Herausforderung waren zwar bekannt, wurden aber nicht für so gewichtig gehalten, um deswegen in die kirchlichen Organisationsstrukturen einzugreifen. Vielmehr arbeiteten die Besatzungsmächte auf den unterschiedlichen Ebenen eng und gut mit Kirchenvertretern zusammen. Bischöfe und Pfarrer traten als Vermittler zwischen der Bevölkerung und den Besatzungsbehörden auf. Die kirchlich organisierten Hilfsmaßnahmen wurden unterstützt, kirchliche Appelle wurden aufmerksam wahrgenommen, und der Anspruch der Kirchen, für die Kriegsgefangenen zu sprechen, wurde akzeptiert.

In dem Maße, wie die Militär- in eine Zivilverwaltung überging, die nach und nach in deutsche Hände gelegt wurde, und ein neues gesellschaftliches und politisches Leben entstand, schwand die den Kirchen zugewachsene Stellvertreterrolle. Schon im Jahr nach Kriegsende traten genuin kirchliche Aktivitäten wieder in den Vordergrund: Verkündigung und Seelsorge. Der Krieg hatte einen religiösen Aufbruch mit sich gebracht, der noch einige Zeit anhielt und für vollere Kirchen sorgte. Auch das während der NS-Zeit eingeschränkte kirchliche Vereinswesen wurde wiederaufgebaut, und die kirchliche Jugendarbeit erlebte einen Aufschwung. Caritas und Diakonie, die während des Dritten Reichs zurückgedrängt worden waren, fanden angesichts der Nöte der Nachkriegszeit wieder zu alter Stärke und expandierten.

Das Kriegsende forderte von den Kirchen auch organisatorische Anpassungen. Zwar führten die Besatzungsmächte das in der Weimarer Reichsverfassung festgehaltene Staat-Kirche-Verhältnis weiter, das es mit seiner nur partiellen Trennung kaum in einem anderen Land gab: Die Kirchen verwalteten sich selbst und hatten zugleich als Körperschaften des öffentlichen Rechts Sonderrechte, durften etwa Steuern erheben und Religionsunterricht in der Schule erteilen. Die Eingriffe des NS-Staats und die Neuordnung der Grenzen nach dem Krieg machten aber Veränderungen notwendig. Die römisch-katholische Kirche war davon weniger betroffen, weil es hier nie den Versuch einer Gleichschaltung mit dem NS-Staat gegeben hatte. Der landeskirchliche Protestantismus dagegen stand vor dem Problem, die seit 1933 eingetretenen Verformungen der kirchlichen Organisationsstrukturen rückgängig zu machen, und zwar so, dass das evangelische Ideal von Kirche besser zur Geltung kam: die Orientierung an Bibel und Bekenntnis, die Gemeinschaft der Glaubenden als Inbegriff von Kirche und der organisatorische Aufbau von unten nach oben. Weithin akzeptiert war die Gliederung in selbständige Landeskirchen, deren Struktur und Personal im Wesentlichen beibehalten wurden. Allerdings trennte man sich von manchen, die durch ihre Mitgliedschaft bei den Deutschen Christen belastet waren, und stellte die Balance der unterschiedlichen landeskirchlichen Akteure (Synode, Konsistorium, Bischof) wieder her, die durch das Führerprinzip aus dem Lot geraten war.

Der Zusammenschluss der Landeskirchen musste neu begründet werden. Aus dem locker organisierten Kirchenbund der zwanziger Jahre hatten die Deutschen Christen 1933 eine Reichskirche gemacht, die den Protestantismus organisatorisch vereinheitlichen und dem NS-Staat ideologisch annähern sollte. Dieser Versuch der Gleichschaltung hatte in organisatorischem Chaos und theologischem Streit geendet und wiederholtes staatliches Eingreifen nach sich gezogen, das wenig erfolgreich war und die Kirche weiter geschwächt hatte. Der Versuch der Bekennenden Kirche, alternative Leitungsstrukturen in Form von Bekenntnissynoden, Bruderräten und vorläufigen Kirchenleitungen zu etablieren, blieb auf kleine Teile des landeskirchlichen Protestantismus beschränkt. Bereits in der Endphase des Kriegs wurde das Kirchliche Einigungswerk auf den Weg gebracht, das eine Neuformierung des landeskirchlichen Protestantismus nach dem Kriegsende vorbereitete. Im Sommer 1945 trafen sich Vertreter der Landeskirchen, unter ihnen viele, die in der Bekennenden Kirche aktiv gewesen waren oder das Kirchliche Einigungswerk unterstützt hatten, im hessischen Städtchen Treysa, um eine neue gesamtdeutsche Organisation zu schaffen: die Evangelische Kirche in Deutschland (EKD). Die EKD verstand sich als Zusammenschluss von selbständigen Landeskirchen und war darum nur locker organisiert.

Parallel zur Gründung der EKD bemühten sich die unterschiedlichen konfessionellen Bünde um eine Neuformierung. Die lutherischen Kirchen, die sich schon während des Dritten Reichs enger zusammengeschlossen hatten, ordneten sich in eine gemeinsame Kirchenstruktur ein: die Vereinigte Evangelisch-Lutherische Kirche Deutschlands (VELKD). Die meisten unierten Kirchen, die aus dem Zusammenschluss lutherischer und reformierter Gemeinden im 19. Jahrhundert hervorgegangen waren, hatten sich in der Kirche der Altpreußischen Union organisiert. Sie verloren mit der Auflösung des Staates Preußen 1947 ihren Bezugspunkt. Als Ersatz schufen sie die Evangelische Kirche der Union (EKU), der sich auch die übrigen unierten Kirchen anschlossen. Mit diesen drei Dachorganisationen fand der landeskirchliche Protestantismus in der zweiten Hälfte der vierziger Jahre seine während der folgenden Jahrzehnte beständige Organisationsstruktur: einen Bund der Landeskirchen, der flankiert wurde durch die konfessionellen Bünde der lutherischen und der unierten Kirchen.

Was die Aufarbeitung ihrer Verstrickung in die NS-Herrschaft angeht, verhielten sich die Kirchen ähnlich abwartend und zögerlich wie die meisten anderen gesellschaftlichen Akteure. Die im Oktober 1945 von den Vertretern der EKD abgegebene Stuttgarter Schulderklärung brachte das kirchliche Versagen während des Dritten Reichs nur unzureichend zum Ausdruck. Die den Kirchen selbst überlassene Entnazifizierung ihrer Mitarbeiterschaft blieb oberflächlich. Es wurden zwar Richtlinien erlassen und Ausschüsse gebildet, aber selbst bei Geistlichen, die durch Sympathie für den Nationalsozialismus und Kollaboration kompromittiert waren, beließ man es allzu oft bei milden Disziplinarmaßnahmen. Nur wenige kirchliche Mitarbeiter wurden wirklich zur Verantwortung gezogen – und das oft nur deshalb, weil die Besatzungsmächte darauf drängten. Für die meisten Pfarrer war angesichts der Herausforderungen der Gegenwart – zerstörte Städte, zerrissene Familien, zerquälte Seelen – anderes ohnehin wichtiger, als sich der Vergangenheit zuzuwenden. Wenn man zurückblickte, dann erinnerte man lieber daran, dass auch die Kirchen ein Opfer des Nationalsozialismus gewesen waren, dass in den Konzentrationslagern christliche Märtyrer ihr Blutzeugnis abgelegt hatten und dass der Irrtum der Deutschen durch den Krieg gestraft worden war. Dass diese Vergangenheit erst noch aufzuarbeiten und zu bewältigen war, war in der unmittelbaren Nachkriegszeit den wenigsten klar.

## Kirchliches Leben im Umbruch

Die besondere Rolle, die die Kirchen in der Übergangszeit nach Kriegsende spielten, verdankte sich auch dem religiösen Aufbruch der Kriegsjahre. Kriege haben wie alle großen Krisen die paradoxe Doppelwirkung, zum einen das kirchliche Leben zu erschüttern und religiöse Gewissheiten zu untergraben, zum anderen aber auch religiöse Bedürfnisse zu wecken, die dann durch verstärkte Frömmigkeit befriedigt werden. Auch im Laufe des Zweiten Weltkriegs gab es diese Entwicklungen: Viele Menschen verloren den Glauben, viele bemühten sich aber auch auf neue Weise um ihn und fanden dabei Unterstützung in den Kirchen. Als besonders tröstlich erwies sich die kirchliche Tradition, die angesichts der Nöte und Bedrohungen der Gegenwart ungeahnte Aktualität zu bekommen schien. Auffällig ist etwa die Zuwendung zur Bibel, die gelesen, meditiert und ausgelegt wurde und dabei immer wieder in die jeweilige Situation hineinzusprechen schien. Auch die Kirchenlieder und überkommene Frömmigkeitspraktiken wie Gottesdienst, Gebet oder

Prozessionen erwiesen sich als ungeahnt hilfreich. Dabei ging es nicht nur um einen rückwärtsgewandten Traditionalismus, sondern auch um die Aktualisierung der Tradition. Es ist bezeichnend, dass etwa der Marburger Neutestamentler Rudolf Bultmann sein wirkmächtiges Programm der Entmythologisierung der Bibel erstmals in den Kriegsjahren vortrug und sich dabei gerade auch an bekenntniskirchliche Kreise wandte: Es ging nicht um die Konservierung der Tradition, sondern um ihre Verlebendigung für die Gegenwart.

Das Bemühen um einen Brückenschlag zwischen der reichen Geschichte des Christentums und der bedrängten Gegenwart der Kirche setzte sich auch in den Nachkriegsjahren fort. Viele Menschen erwarteten von der Kirche Orientierung, sie besuchten die Gottesdienste und wiesen dem christlichen Glauben eine wichtige Rolle auf dem Weg in Deutschlands Zukunft zu. In der Praxis wurden die hohen Erwartungen an die Kirchen nicht selten enttäuscht. So tröstlich die Verlebendigung des Schatzes der Tradition für Menschen war, die kirchlich sozialisiert waren, so bot die kirchliche Verkündigung kaum eine überzeugende Gegenwartsdeutung und Zukunftsperspektive, und die alltäglichen Probleme der «Zusammenbruchsgesellschaft» verhinderten oft, dass die Möglichkeiten der Rückbesinnung auf die Traditionen genutzt wurden.

Die Kirchen versuchten jedenfalls, den hohen Erwartungen zu entsprechen. Der Öffentlichkeitsanspruch, den sie in der Nachkriegszeit selbstbewusst erhoben, gründete in dem Bewusstsein, dass das Christentum Wesentliches zur Erneuerung Deutschlands beizutragen habe. Im Protestantismus hatte dieser Öffentlichkeitsanspruch dank der Bekennenden Kirche (BK) eine besondere Färbung. Die für weite Teile der BK maßgebliche Theologie Karl Barths bestritt die traditionelle lutherische Unterscheidung der beiden Regimente und Reiche Gottes, die der Welt weiten Freiraum gab und sich mit kirchlicher Mitsprache in der Politik zurückhielt. Die von Barth propagierte «Königsherrschaft Christi» sollte gerade auch die Welt umfassen und wies der Kirche die Aufgabe zu, mit ihrem prophetischen Amt im Bereich der Welt dem Gottesreich entsprechende Strukturen einzufordern. Das war zwar bei weitem nicht die Mehrheitsmeinung im Protestantismus, aber auch im Luthertum war man nach den Erfahrungen mit dem NS-Staat überzeugt, dass die Kirche sich aktiver in Gesellschaft und Staat einbringen und einen Beitrag zur Erneuerung der Welt leisten müsse. Diesem Ziel sollten nicht nur die herkömmlichen Mittel wie die kirchliche Presse, das kirchliche Vereinswesen oder der schulische Religionsunterricht dienen, sondern auch neue Mittel. Hier gingen die evangelischen Landeskirchen voran. So wurden etwa die Kirchentage, die jahrzehntelang keine größere Bedeutung und kaum Öffentlichkeitswirkung gehabt hatten, in der Nachkriegszeit zu einem innerkirchlichen Diskussionsforum umgestaltet, das verstärkt die kirchliche Basis einbezog und sich um den Brückenschlag zu Gesellschaft und Staat bemühte. Was die Kirchentage in größeren zeitlichen Abständen boten, leisteten die Evangelischen Akademien in kleinerem Maßstab, dafür aber in kontinuierlicher Arbeit: die innerkirchliche Kommunikation zu fördern und Kirche und Welt miteinander ins Gespräch zu bringen.

Besonders herausgefordert waren die Kirchen durch die Vertriebenen. Deutschland hatte im Osten Gebiete verloren, die seit vielen Jahrhunderten zum deutschen Kulturraum gehört hatten und in denen es ein starkes und tief verwurzeltes Christentum gab: Ostpreußen, Hinterpommern, die Neumark und Schlesien. Was dieser Verlust bedeutete, machten sich die großen Kirchen erst allmählich klar. Kaum anders als die deutsche Politik, die bis in die sechziger Jahre hinein die deutschen Grenzen der Vorkriegszeit nicht offen infrage stellte, hielt man lange noch an der Vorstellung fest, dass die Vertreibungen rückgängig gemacht werden könnten. Dazu gehörte auch, dass man anfangs noch versuchte, die kirchlichen Strukturen aufrechtzuerhalten und die geistliche Versorgung der verbliebenen Deutschen sicherzustellen. Bald wurde aber klar, dass das deutsche Kirchenwesen östlich von Oder und Neiße verloren war und dass man sich in den neuen Verhältnissen einzurichten hatte: Einige Landeskirchen und Bistümer existierten nicht mehr, andere waren mehr oder weniger stark beschnitten worden, und die Menschen, die östlich von Oder und Neiße gelebt hatten, suchten eine neue Heimat.

Die Millionen von Heimatvertriebenen, die aus den ehemals preußischen Ostprovinzen sowie aus einer Reihe weiterer deutscher Siedlungsgebiete in die vier Besatzungszonen strömten, mussten nicht nur untergebracht, ernährt und beschäftigt werden, sondern brauchten auch Trost und Zuspruch. Der Verlust der äußeren Heimat brachte es mit sich, dass eine innere Heimat geschaffen wurde, die in Erinnerungen und Erzählungen lebte und gemeinschaftlich beschworen wurde. Dazu gehörte auch der Glaube: In der heimatlichen Liturgie, dem vertrauten Gesangbuch oder den mitgebrachten Heiligen blieb das den Vertriebenen entrissene Herkommen lebendig. Indem die Kirchen sich der Vertriebenen annahmen und ihnen Raum für ihre Trauer und die Findung einer neuen Identität boten, trugen sie dazu bei, dass die Integration in Gang kam. Allerdings blieben die Kirchen hinter ihren Möglichkeiten zurück, machten sie sich doch nicht konsequent frei von den verbreiteten Vorbehalten gegenüber den Vertriebenen, die in ihrer neuen «kalten Heimat» (A. Kossert) nicht wirklich willkommen waren.

## Kirche in der Sowjetischen Besatzungszone

Die skizzierten Entwicklungen vollzogen sich in allen vier Besatzungszonen. Allerdings zeigte sich im Laufe der Jahre 1946 und 1947, dass sich in der Sowjetischen Besatzungszone (SBZ) die Rahmenbedingungen für die Kirchen zu verändern begannen. Mehr als neun Zehntel der Bevölkerung in der SBZ, die durch die Flüchtlingsströme auf über 18 Millionen angeschwollen war, waren Mitglied in einer Kirche, davon ein Großteil Mitglied einer evangelischen Landeskirche. Die drei größten Landeskirchen Sachsen, Kirchenprovinz Sachsen und Berlin-Brandenburg zählten jeweils um die vier Millionen Mitglieder, die Landeskirchen von Thüringen und Mecklenburg jeweils um die anderthalb Millionen, die Pommersche Landeskirche, die mit Hinterpommern die Hälfte ihres Gebiets verloren hatte, etwa 700 000, die Landeskirche von Anhalt etwa 400 000 und der letzte Rest der Schlesischen Kirche westlich der Neiße etwa eine Viertelmillion.

Daneben gab es mehr als zwei Millionen Katholiken. Zwei römisch-katholische Bischofssitze fanden sich auf dem Gebiet der SBZ: Berlin und Meißen. Ihre Jurisdiktionsbereiche umfassten die östliche Hälfte der SBZ. Am südöstlichen Rand der SBZ gehörte der Jurisdiktionsbezirk Görlitz formal zur Diözese Breslau, und die an die Westzonen angrenzenden Gebiete waren alle Teil von Diözesen, deren Bischofssitze und Kerngebiete jenseits der Zonengrenze lagen: Der Jurisdiktionsbezirk Schwerin gehörte zum Bistum Osnabrück, der Jurisdiktionsbezirk Magdeburg zum Bistum Paderborn, der Jurisdiktionsbezirk Erfurt zum Bistum Fulda und der Jurisdiktionsbezirk Meiningen zum Bistum Würzburg. Auch einige Gemeinden des Bistums Hildesheim lagen jenseits der Zonengrenze. Bis in die siebziger Jahre hinein gab es hier provisorische Strukturen, wobei die in Görlitz, Schwerin, Magdeburg und Erfurt aufgebauten kirchlichen Verwaltungen faktisch unabhängig von den jenseits der DDR-Grenzen residierenden Bischöfen wurden. Die Katholiken verteilten sich recht gleichmäßig auf die Diözesen und Jurisdiktionsbezirke: In Berlin (ohne West-Berlin), Meißen, Magdeburg und Erfurt je zwischen einem Viertel und einem Fünftel und in Schwerin und Görlitz jeweils etwa ein Zehntel.

Die sowjetische Besatzungsmacht förderte in ihrer Zone die Sozialistische Einheitspartei Deutschlands (SED), die 1946 durch Zusammenschluss von SPD und KPD entstand, und begann mit einer Neugestaltung von Staat und Gesellschaft im Sinne des Sowjetsystems. Von der SED abhängige Massenorganisationen und Parteien lenkten das gesellschaftliche und politische Engagement der Bevölkerung, in Landwirtschaft und Industrie gab es Enteignung und Umverteilung, und Anhänger der neuen Machthaber besetzten Positionen in Staat, Gesellschaft und Wirtschaft. In mancherlei Hinsicht konnten die Kirchen von der beginnenden Sowjetisierung profitieren, etwa indem sie durch die Entflechtung von Staat und Kirche an Freiheit von staatlichem Einfluss gewannen. Diese Entflechtung beraubte sie aber auch wichtiger Einflussmöglichkeiten. So wurde schon 1945/46 der schulische Religionsunterricht abgeschafft. Allerdings wurde den Kirchen die Möglichkeit eingeräumt, Religionsunterricht in Schulräumen im Zusammenhang des sonstigen Unterrichts zu erteilen. Anfangs wurde das in manchen kirchlichen Kreisen auch begrüßt, bot sich doch nun die Möglichkeit, einen kirchlichen Unterricht aufzubauen, bei dem das Bildungsinteresse stärker religiös akzentuiert werden konnte. Bald wurde der Religionsunterricht aber auch aus der Schule verdrängt. Der als Alternative aufgebaute Religionsunterricht in Kirchenräumen (die «Christenlehre») konnte den Verlust teilweise ausgleichen und eröffnete auch neue Möglichkeiten, hatte aber nur eine begrenzte Reichweite. Unklar war auch, ob die übliche Kirchenfinanzierung aus Kirchensteuer, Staatszuschüssen und Einnahmen aus Kirchengut sich verändern würde. Es stand zu befürchten, dass kirchlicher Besitz entzogen und kirchliche Einrichtungen geschlossen würden.

Ein Schlag gegen die Kirchen war die erzwungene Angleichung der Ost-CDU an die SED-Linie. In der SBZ wurde bereits im Juni 1945, früher als im Westen, die Christlich-Demokratische Union gegründet, die im Zeichen eines «christlichen Sozialismus» einen Brückenschlag zwischen bürgerlichen Kreisen, die für eine Erneuerung offen waren, und einem undogmatischen Sozialismus versuchte. Gerade auch unter Kirchenmitgliedern fand sie damit Anklang. Doch bereits Ende 1947 wurden der Vorsitzende Jakob Kaiser und der gesamte Vorstand von der Sowjetischen Militäradministration abgesetzt. Die Zeit der Unabhängigkeit war vorbei. Die auf SED-Linie gebrachte Ost-CDU warb zwar weiterhin um die Kirchen und versuchte, die Interessen der Christen zu vertreten, hatte aber nur noch wenig Erfolg damit.

Die Versuche der Kirchen, in den neu gegründeten Massenorganisationen, etwa dem Freien Deutschen Gewerkschaftsbund oder der Freien Deutschen Jugend, die Interessen der Christen zur Geltung zu bringen, scheiterten. Vielmehr übte die Staatsmacht immer stärkeren Druck auf die Christen aus, ihre Interessen denen der kommunistischen Partei unterzuordnen. Seit 1946 gab es eine Serie von Kampagnen, Volksbefragungen und

Wahlen, bei denen die kirchliche Unterstützung für «fortschrittliche» Positionen eingefordert und Zurückhaltung oder gar Widerrede sanktioniert wurden. Diese Umgestaltung provozierte Widerspruch, und zwar nicht so sehr wegen ihrer Ziele, sondern vor allem wegen der Gewalt und Willkür, mit der sie vor sich ging.

Der Widerspruch gegen die Repressionen wurde vor allem in kirchlichen Eingaben und Stellungnahmen laut, die allerdings nur wenig ausrichteten. Erinnerungen an das Dritte Reich wurden wach, wie etwa eine Pfingstbotschaft des Bischofs der Evangelischen Kirche in Berlin-Brandenburg, Otto Dibelius, zeigt (KJ 76, 1949, 232–235). Am Pfingstsonntag 1949 verlasen die Pfarrer der Landeskirche von den Kanzeln:

> Gegenwärtig bedrückt uns mehr als alles andere die Sorge, daß das Staatsgebilde, das um uns her entsteht, so viel von den Zügen zeigt, denen in der nationalsozialistischen Zeit unser Widerstand um Gottes Willen gegolten hat: Gewalt, die über alles Recht hinweggeht, innere Unwahrhaftigkeit und Feindschaft gegen das christliche Evangelium.

Dibelius zählt Beispiele staatlicher Willkür und Gewalt auf und erinnert an die Barmer Bekenntnissynode, die fünfzehn Jahre zuvor gegenüber der nationalsozialistischen Herausforderung eingeschärft hatte, dass die Kirche «*nur* dem Herrn Christus und keinen anderen Mächten und Gestalten dieser Erde gehorsam ist». Deshalb müsse die Kirche «ihre warnende Stimme erheben», denn ein «Regiment der Gewalt und der Unwahrhaftigkeit» könne nur eine Zukunft schaffen, «in der der Mensch nicht mehr Mensch sein darf». Solche Offenheit erforderte Mut – ohne aber den Gang der Dinge verändern oder gar aufhalten zu können. Mehr, als die Wahrheit auszusprechen und Trost zu spenden, vermochten die Kirchenvertreter in der SBZ nicht.

## 2. Die Herausforderung durch den «Aufbau des Sozialismus» (1949–1961)

### Die SED und die Religion

Die Leitlinie der Umgestaltung von Gesellschaft und Staat in der Sowjetischen Besatzungszone war die Ideologie der führenden Partei. Die 1946 aus der Fusion von Sozialdemokratischer (SPD) und Kommunistischer Partei (KPD) hervorgegangene Sozialistische Einheitspartei Deutschlands (SED) folgte der Kommunistischen Partei der Sowjetunion (KPdSU), die den Marxismus-Leninismus propagierte. Diese Parteiideologie ging zurück auf die politische Philosophie von Karl Marx und deren revolutionäre Umsetzung durch Lenin und war in den 1920er Jahren von Stalin in eine vereinfachte und für die Zukunft verbindliche Form gebracht worden.

Die marxistisch-leninistische Parteidoktrin ging davon aus, dass der Geschichtsprozess bestimmten Gesetzmäßigkeiten unterliege, die erkennbar seien und eine Beeinflussung zuließen: Entscheidend für den Gang der Geschichte seien die wirtschaftlichen Verhältnisse. Der moderne Kapitalismus sei die auf die antike Sklavenhalter- und die vormoderne Feudalgesellschaft folgende dritte Phase der Wirtschaftsentwicklung. Diese Entwicklung strebe auf den großen geschichtlichen Umschwung zu: Die Epoche des Kapitalismus werde durch dessen Selbstzerstörung in einer Serie sich verschärfender Krisen bis hin zur finalen ökonomischen Krise und die dadurch hervorgerufene Revolution des Proletariats überwunden. Diese etabliere die klassenlose kommunistische Gesellschaft und bringe den Geschichtsprozess zum Abschluss.

Die Überwindung des Kapitalismus vollzieht sich dem Marxismus-Leninismus zufolge in einer länger dauernden Übergangsphase: Am Anfang stehe die Bildung einer kommunistischen Partei, die die Revolution des Proletariats initiiere und kontrolliere. Durch die nur in Teilen der Welt erfolgreiche Revolution des Proletariats würden sozialistische Staaten geschaffen, in denen unter Führung der kommunistischen Partei durch Klassenkampf und Neuordnung der Produktionsverhältnisse nach und nach der Sozialismus geschaffen werde. Erst wenn das Nebeneinander von Kapitalismus und Sozialismus durch den Abschluss der Revolution des Proletariats überwunden sei, könne das Zeitalter des Kommunismus als der klassenlosen Gesellschaft beginnen, in der wahres Menschsein ohne die Entfremdung und Not der Eigentums- und Klassengesellschaft für alle Menschen Wirklichkeit werde. Die Übergangsphase sei in besonderer Weise gefährdet durch den letzten Abwehrversuch der Kapitalisten: den Faschismus, mit dessen Hilfe die Wirtschaftseliten ihre Macht zu sichern und den übermächtigen sozialistischen Gegner zu besiegen hofften.

Religion und Kirche waren für den Marxismus-Leninismus nur ein Randphänomen des vergehenden Kapitalismus. Die herrschende Klasse nutze Religion als «Opium des Volkes» (K. Marx/ W. I. Lenin), um die Widersprüche des kapitalistischen Systems zu verdecken und die Not der Menschen erträglicher zu machen. Mit der Revolution des Proletariats und dem Erreichen des Kommunismus werde der Hinweis auf das Jenseits überflüssig. Der Marxismus-Leninismus verstand sich als prinzipiell atheistisch und stellte sich im Klassenkampf gegen die Kirche, die er auf Seiten der Unterdrücker sah. Das hinderte die kommunistischen Parteien allerdings nicht, sich selbst religiöser Vorstellungen, Sprachelemente und Inszenierungsformen zu bedienen. Es fällt auf, dass auch der sich als säkular und wissenschaftlich inszenierende Marxismus-Leninismus – nicht anders als der italienische Faschismus und der deutsche Nationalsozialismus – die Politik sakral überformte, so dass die Forschung sogar diskutiert, ob man mit Blick auf die totalitären Systeme des 20. Jahrhunderts von *politischen Religionen* sprechen kann.

Schon in den Jahren der sowjetischen Besatzungsverwaltung zeigte sich, dass mit dem Marxismus-Leninismus auch dessen religionskritische und kirchenfeindliche Einstellung die Neuordnung beeinflusste. Anfangs war davon kaum etwas zu bemerken, ja die Sowjetische Militäradministration bemühte sich um ein gutes Verhältnis zu den Kirchen: Die Religionsfreiheit wurde bestätigt, die Religionsgemeinschaften anerkannt und kirchlicher Besitz nicht angetastet. Man bemühte sich auch, kirchlich gebundene Menschen für die geplante sozialistische Neuordnung Deutschlands zu gewinnen. Zugleich aber formierte sich die SED als die «Kampfpartei des Marxismus-Leninismus», die keinen Hehl aus ihrer negativen Einstellung gegenüber der Religion machte und aufmerksam die Zurückhaltung kirchlicher Kreise gegenüber der sozialistischen Neuordnung registrierte.

Eine wichtige Etappe im Verhältnis der SED zu den Kirchen war die im Herbst 1949 verabschiedete DDR-Verfassung (Gesetzblatt der DDR, Teil 1, 8.10.1949, 5–16). Sie orientierte sich für die Regelung des Verhältnisses von Staat und Religionsgemeinschaften – übrigens ähnlich wie das Grundgesetz der Bundesrepublik – an den Kirchenartikeln der Weimarer Reichsverfassung von 1919, die die Religionsgemeinschaften privilegierten. Das Weimarer Staatskirchenrecht galt mit einigen Veränderungen und Abschwächungen auch weiterhin (Art. 41–49: a.a.O., 9): Festgeschrieben waren Glaubens- und Gewissensfreiheit sowie die Freiheit der Religionsausübung; die Religionsgemeinschaften verwalteten sich selbst, ihr Status als Körperschaften des öffentlichen Rechts wurde bestätigt, und sie konnten Kirchensteuern erheben; sie durften in Schulräumen Religionsunterricht erteilen und sich öffentlich zu wichtigen Fragen äußern.

Entscheidend war aber nicht der Buchstabe des Gesetzes, sondern die Umsetzung durch die staatlichen Stellen. Und hier zeigte sich, dass die SED die verfassungsmäßigen Rechte nur als Kann-Bestimmungen für eine Übergangszeit verstand, für deren Anwendung das politische Kalkül maßgeblich war. Dieses politische Kalkül war von einem Vorurteil bestimmt: Für die SED waren die Kirchen oppositionelle Kräfte im Dienst der vom kapitalistischen Westen gesteuerten Konterrevolution, die unter dem Deckmantel der Religion ihr Zerstörungswerk vollbrachten. Gegen diesen politischen Gegner, den man wegen seines Rückhalts in der Bevölkerung nicht einfach liquidieren konnte, ging die SED anfangs noch nicht systematisch vor. In den ersten Jahren der DDR gab es immer wieder einzelne kirchenfeindliche Maßnahmen, die zwar in der Summe die Zielrichtung der SED-Kirchenpolitik zeigten, aber die Position der Kirchen nicht grundsätzlich erschütterten.

### Die Selbstbehauptung des landeskirchlichen Protestantismus bis 1953

Die mitgliederstärkste, gesellschaftlich einflussreichste und darum auch politisch bedeutsamste Religionsgemeinschaft in der SBZ und der DDR bildeten die evangelischen Landeskirchen. Etwa vier Fünftel der Bevölkerung waren Ende der vierziger Jahre Mitglied einer der acht Landeskirchen in der SBZ. Wegen der Ansiedlung der Vertriebenen und der Fluchtbewegung von Ost nach West lässt sich die Zahl für die unmittelbare Nachkriegszeit nicht genauer angeben. In Sachsen-Anhalt, Thüringen und Sachsen lagen die Kernlande der lutherischen Reformation und die Mark war das mitteldeutsche Zentrum des brandenburgisch-preußischen Protestantismus. In der Nachkriegszeit wollte der landeskirchliche Protestantismus nun den religiösen Aufbruch nutzen, um seine traditionelle Führungsrolle abzusichern und die neuen Verhältnisse mit dem wiederbelebten christlichen Geist zu durchdringen.

Auch wenn die Ausgangssituation für den Protestantismus auf den ersten Blick gut erscheint, so gab es doch Probleme. Gerade in den industrialisierten und urbanisierten Regionen Mitteldeutschlands hatte schon während des 19. Jahrhunderts eine Abwendung von der Kirche eingesetzt, die man mit Mühe verlangsamt hatte, die aber auch wieder an Fahrt gewinnen konnte. Der Nationalsozialismus hatte gerade im protestantischen Milieu Anklang gefunden und die traditionelle Kirchlichkeit auch im ländlichen Raum ausgehöhlt. Zwar hatte es gerade beeindruckende Gegenbewegungen gegeben, die von der Erweckungsbewegung des 19. Jahrhunderts bis zur Bekennenden Kirche in den Jahren des Nationalsozialismus reichen. Aber es war nicht ausgemacht, dass die Kräfte des Aufbruchs stark genug waren, die Volkskirche zu erneuern.

In dieser Situation sah sich der landeskirchliche Protestantismus mit der sowjetischen Kulturrevolution konfrontiert, die über die sozialistische Umgestaltung der Wirtschaft und die Gründung einer kommunistischen Parteidiktatur auf den «Aufbau des Sozialismus» hinauslief, der 1952 von der zweiten Parteikonferenz der SED proklamiert wurde. Profitierte der Protestantismus anfangs noch von der zuvorkommenden Haltung der Sowjetischen Militäradministration und der taktisch motivierten Zurückhaltung der SED, so erwies sich spätestens Ende der vierziger Jahre, dass Konflikte mit dem Staat unausweichlich waren. Das zeigte sich schon daran, dass man bei den Parteifunktionären und von diesen abhängigen Staatsvertretern nicht selten auf religiösen Analphabetismus und wirre Vorurteile stieß. Zwar gab es unter den von der SED gesteuerten Blockparteien mit der CDU eine politische Kraft, die kirchliche Kreise ansprechen und integrieren sollte. Vor allem der stellvertretende Ministerpräsident Otto Nuschke, ein SED-loyaler CDU-Politiker, sorgte mit der in seinem Regierungsressort angesiedelten «Hauptabteilung Verbindung zu den Kirchen» für gute Beziehungen zu den Kirchen. Aber die CDU konnte die Konfrontation nur verzögern, nicht aber entschärfen. Mit der Zeit gab es immer mehr Sachfragen, in denen die Kirche den politischen Vorgaben nicht folgen konnte und sich dem staatlichen Konformierungsdruck nicht beugen wollte. Die Führungsrolle der SED etwa und den Zwang aller anderen politischen Kräfte zur Einordnung in die «Nationale Front» konnte die Kirche nicht gutheißen. Und zwar weniger, weil sie Demokratie und Pluralität verteidigte, sondern vielmehr, weil sie die unterschiedlichen politischen Interessen der Bevölkerung repräsentiert und berücksichtigt sehen wollte, darunter die Interessen der evangelischen Bevölkerungsmehrheit.

Eines der vitalen Interessen der Protestanten war die Respektierung des religiösen Bekenntnisses im Schulwesen: Viele wünschten sich weiterhin schulischen Religionsunterricht für ihre Kinder und hielten es für selbstverständlich, dass die Schullaufbahn und die Noten nicht von ideologischen Vorgaben, sondern von der Eignung und Leistungsbereitschaft der Schüler abhingen. Gerade aber die Schule war für die SED entscheidend für den Erfolg des Sozialismus: Die nachwachsende Generation musste für die gute Sache gewonnen werden, weshalb weltanschauliche Neutralität und Rücksichtnahme auf religiöse Bindungen gerade nicht gewünscht waren. Mehr als vierzig Jahre war die Schule der Ort, wo die SED rigoros ihre Interessen durchsetzte und deshalb bis zum Ende der DDR ständig Konflikte mit christlichen Eltern und Kindern provozierte.

Ein anderes heikles Thema war die Friedensfrage. Für die SED war der Sozialismus per definitionem friedlich, weil die Eigentumsfrage gelöst und der Konkurrenzkampf der Menschen befriedet war. Allerdings war der Kapitalismus, zumal in seiner schlimmsten Verfallsform, dem Faschismus, per definitionem gewalttätig und ständig auf Krieg aus, um den Reichtum der besitzenden Klasse zu mehren. Der Sozialismus hatte sich also zu verteidigen, weshalb gerade der Friedensstaat DDR zum antikapitalistischen Frontstaat hochgerüstet und durchmilitarisiert werden musste. Wer diesen «bewaffneten Frieden» hinterfragte oder gar mit pazifistischen Positionen kontrastierte, war in den Augen der SED ein Friedensfeind und Kriegstreiber. Für die Kirchen war das Problem weniger, dass es Militär und Krieg gab – christlicher Pazifismus war nur eine Minderheitsposition und der gerechte Krieg wurde als letztes Mittel der Politik anerkannt –, sondern das von der SED propagierte Freund-Feind-Denken, das das Gegenüber mit Hasspropaganda überzog und widerspruchslose Bejahung der Friedensdoktrin der Partei forderte.

Ein weiterer Konfliktpunkt war die Umwälzung der Landwirtschaft, die mit den Enteignungen und Umverteilungen nach Kriegsende noch nicht beendet war, sondern in den fünfziger Jahren durch die Kollektivierung weitergetrieben wurde. Da viele Bauern sich dem Beitritt zu den Landwirtschaftlichen Produktionsgenossenschaften verweigerten, übte der Staat Zwang aus, wogegen die Kirchen protestierten. Sie stellten sich damit nicht nur gegen offenes Unrecht, sondern auch vor eine besonders kirchentreue Bevölkerungsgruppe. Das Recht zu solchen kirchlichen Stellungnahmen zu Schule, Frieden oder Landwirtschaft war in der Verfassung verankert: Die Religionsgemeinschaften hatten das Recht, «zu den Lebensfragen des Volkes von ihrem Standpunkt aus Stellung zu nehmen» (Art. 41). Und dieses Recht nutzten sie in den ersten Jahren der DDR – zum Missfallen der Machthaber. Überhaupt sahen sich die Kirchen mit einem wachsenden Anpassungsdruck konfrontiert. Dabei versuchten sie, auf die Interessen der SED einzugehen und die Reibungen zu minimieren. Die sozialistischen Machthaber wurden als legitime Obrigkeit akzeptiert, und manche ihrer Maßnahmen wurden kirchlicherseits nicht nur hingenommen, sondern auch befürwortet. Aber die evangelische Kirche kam nicht umhin, immer wieder auch die rote Linie christlichen Obrigkeitsgehorsams zu ziehen, wobei sie es auch wagte, den SED-Staat offen zu kritisieren.

Die Spannungen kulminierten in der antikirchlichen Kampagne, die vom Sommer 1952 bis zum Sommer 1953 vor allem die evangelischen Landeskirchen, aber auch die römisch-katholische Kirche traf: Der Katholikentag wurde behindert, die kirchenfreundliche Regierungsabteilung für den Kontakt zu den Kirchen unter Kontrolle der SED gestellt, der Religionsunterricht aus den Schulräumen verdrängt, die Staatsleistungen für die Kirchen gekürzt und der staatliche Kirchensteuereinzug beendet. Im Frühling und Frühsommer 1953 erreichte die Kampagne ihren Höhepunkt. Bei ihrer Machtprobe mit den als politischen Gegnern identifizierten Kirchen zielte die SED auf einen entscheidenden Punkt: die kirchliche Jugendarbeit.

Die Stärke der Kirche beruhte unter anderem auf ihrem erfolgreichen Bemühen, junge Menschen an sich zu binden und kirchlich zu sozialisieren. Im landeskirchlichen Protestantismus gab es die Junge Gemeinde, im römischen Katholizismus die Jugendgruppen in den Pfarreien, die beide viele Jugendliche anzogen. Die SED hatte die Angebote für Heranwachsende in der Freien Deutschen Jugend (FDJ) zusammengefasst und alle andere Jugendarbeit bis auf die kirchliche verdrängt. Aber der staatlich mit allen Mitteln geförderten FDJ gelang es nicht, die ganze Jugend zu erreichen und an sich zu binden. Nicht nur viele christliche, sondern auch kirchlich distanzierte Jugendliche fühlten sich in der kirchlichen Jugendarbeit besser aufgehoben, weil hier mehr Rücksicht auf die Bedürfnisse der Heranwachsenden genommen wurde und Offenheit und Zuwendung den Umgang miteinander bestimmten.

Um die Kirche von diesem Zugang zu den Heranwachsenden abzuschneiden, entfesselte die SED im Frühjahr 1953 eine Kampagne, die sich vor allem gegen die Junge Gemeinde richtete und sich von Propaganda über Repression bis hin zu Terror steigerte. Getroffen wurden aber auch die katholischen Jugendgruppen und die evangelischen Studentengemeinden. Zeitungsartikel prangerten die angebliche Spionage- und Zersetzungstätigkeit unter dem Deckmantel kirchlicher Jugendarbeit an, kirchliche Jugendzeitschriften durften nicht mehr erscheinen, kirchlich engagierte Schüler und Studenten wurden von der Schule oder der Universität verwiesen, Veranstaltungen der kirchlichen Jugend verboten, Ferienlager von der Polizei aufgelöst und das Tragen des Kugelkreuzes, des Erkennungszeichens der Jungen Gemeinde, untersagt.

Bald schon weitete die SED die Angriffe aus. Auch die Landeskirchen und ihnen verbundene Organisationen gerieten ins Fadenkreuz: Die Zahlung von Staatszuschüssen wurde ausgesetzt, Gefängnis- und Krankenhausseelsorge behindert, diakonische Einrichtungen beschlagnahmt, die Arbeit der Bahnhofsmissionen eingeschränkt und kirchliche Mitarbeiter unter dem Vorwurf der «Boykotthetze» inhaftiert. Parteimitglieder und Führungskader wurden gezwungen, aus der Kirche auszutreten. Erfolglos ersuchten die Kirchenleitungen die DDR-Regierung und die Sowjetische Kontrollkommission um Rechtsschutz. Als Mittel gegen die staatlichen Übergriffe blieb nur, was schon zu Zeiten des Dritten Reichs erprobt worden war: in der Bibel Trost zu suchen und in der Fürbitte die Not vor Gott zu bringen. Wieder kursierten Listen mit den Namen von Inhaftierten, für die die Gemeinden sonntags beteten.

Einen neuen Ton aber gab es doch: Die Kirchen betonten, dass die gegenwärtige Bedrängnis kein Grund sei, in den Westen zu flüchten. Die SED-Politik hatte dazu geführt, dass immer mehr Menschen über die Grenze flohen, die bis zum Mauerbau im August 1961 nicht gänzlich geschlossen war. Dazu gehörten gerade auch engagierte Christen. Hauptfluchtgründe waren die politische Unfreiheit und die wirtschaftliche Bevormundung, wichtig war aber auch die religiöse Bedrängnis. Dagegen schärften die Kirchen ein: Gleich, was zur Flucht drängte, trotz aller Beschwernis und Verfolgung war die DDR der Ort für die Christen, ihr Leben zu führen.

Die antikirchliche Kampagne endete plötzlich Anfang Juni 1953. Die sowjetische Führung sorgte dafür, denn sie sah die Stabilität der DDR durch den rücksichtslosen «Aufbau des Sozialismus» gefährdet und betrachtete das massive Vorgehen der SED gegen die Kirchen mit Sorge. Die SED-Führung wurde nach Moskau einbestellt und bekam Direktiven für den «Neuen Kurs». Hintergrund war der Machtwechsel in der Sowjetunion. Im März 1953 war Stalin gestorben. Die neuen Machthaber leiteten eine vorsichtige Abkehr von Stalins Politik ein, die auch den Verbündeten vorgeschrieben wurde. So wurden am 10. Juni 1953 Vertreter der evangelischen Landeskirchen zu einem Spitzengespräch von DDR-Regierungsvertretern empfangen. Die Kirchenvertreter brachten ihre Klagen und Forderungen vor – und der Staat sagte die Rücknahme der antikirchlichen Maßnahmen zu (KJ 80, 1953, 178 f.). Weil nicht publik werden durfte, was der eigentliche Grund für diesen abrupten kirchenpolitischen Kurswechsel war, begründete Ministerpräsident Grotewohl das staatliche Einlenken mit der gemeinsamen Verantwortung für das Wohl des Volkes. Diese Begründung erlaubte es dem Staat nicht nur, das Gesicht zu wahren, sondern auch, die Kirchen in die Pflicht zu nehmen, etwa für die Deutschlandpolitik der SED.

Trotz mancher Zugeständnisse an den Staat sahen die Kirchen im Spitzengespräch einen Sieg über den Staat, den man durch Gottvertrauen und Leiden errungen habe. Davon, dass die Entscheidung zum Neuen Kurs von der Moskauer Parteiführung erzwungen worden war, wusste man nichts. Man sah nicht die Schwäche der Kirche, die durch das staatliche Vorgehen offengelegt worden war, und unterschätzte den Schaden, den die antikirchliche Kampagne angerichtet hatte. Es schien, als könne der christliche Glaube auch gegen die kommunistische Parteidiktatur bestehen.

Eine Woche nach dem Staat-Kirche-Gespräch vom 10. Juni kam es zum Volksaufstand in der DDR: Am 17. Juni und an den Folgetagen gab es im ganzen Land Proteste, die am Ende nur unter Verhängung des Kriegsrechts von den sowjetischen Truppen niedergeschlagen werden konnten. Die Repression gegen die Christen dürfte ihren Teil zur Steigerung des Unmuts in der Bevölkerung beigetragen haben, aber entscheidend waren die wirtschaftlichen Probleme und die politische Entmündigung. Auf den Demonstrationen waren immer wieder auch christliche Symbole zu sehen, etwa das Kugelkreuz der Jungen Gemeinde. Wenn Kirchenvertreter auftraten, dann mahnten sie allerdings zu Ruhe und Frieden. Die Kirchenleitungen konnten auf die Proteste erst reagieren, als die Niederschlagung schon in vollem Gange war. Es war nicht nur die Einsicht in die Schwäche der Aufstandsbewegung, sondern auch die christliche Zurückhaltung gegenüber revolutionärer Veränderung der Welt, die die Kirchen zum Obrigkeitsgehorsam mahnen ließen. Diese Mahnung war aber verbunden mit Fürsprache für die Verhafteten und mit Kritik an den Verhältnissen, die zu den Protesten geführt hatten. Was als kirchliche Mitverantwortung für das Wohl der Menschen im Sinne der Vereinbarung vom 10. Juni gedacht war, wurde vom SED-Staat ignoriert. Um die Parteidiktatur zu stabilisieren, verschärfte die SED-Führung die Repression wieder. Und aus dem Staat-Kirche-Gespräch vom 10. Juni 1953 zog sie die Konsequenz, dass die Kirchenpolitik längerfristiger angelegt, zentral gesteuert und mit einer Vielfalt von Maßnahmen umgesetzt werden musste.

### Die neue Kirchenpolitik der SED

Das Scheitern der unsystematischen SED-Kirchenpolitik und der Schock des 17. Juni 1953 führten dazu, dass die SED erstmals gründlicher über ihr Verhältnis zu den Kirchen nachdachte und ihre Kirchenpolitik neu konzipierte. An der grundsätzlichen Einschätzung von Religion und Kirche änderte sich dabei nichts, aber die Maßnahmen, die die SED ergreifen wollte, wurden nun erstmals systematisch geordnet und effizient organisiert. Am 14. März 1954 legte die SED-Führung ein Papier vor, das die wichtigsten Punkte der neu gefassten Kirchenpolitik zusammenfasst: «Die Politik der Partei in Kirchenfragen» (Hartweg: SED und Kirche I, 150–155). Die SED und die von ihr gelenkten Massenorganisationen und Staatsorgane sollten die Kirchen besonders im Blick behalten. Was das hieß, wurde in einer langen Liste von Maßnahmen beschrieben, die alle dazu dienen sollten, die Kirchen zu kontrollieren und zu schwächen. Im Folgenden werden die wichtigsten in diesem Papier vorgeschlagenen sowie die zuvor schon erprobten und später verfeinerten Maßnahmen zusammengestellt.

### a) Politisches Vorgehen gegen die Kirchen

Das politische Vorgehen gegen die Kirchen bedurfte der Lenkung. Dazu wurde 1954 im Machtzentrum der DDR, dem vom Politbüro gelenkten Zentralkomitee der SED, eine «Abteilung für Kirchenfragen» gebildet, die die Kirchenpolitik vorgab und koordinierte. In der DDR-Regierung gab es zwei Stellen, die die von der SED vorgegebene Kirchenpolitik umzusetzen hatten: Im Ministerium für Staatssicherheit gab es eine Abteilung für die geheimdienstliche Bearbeitung der Kirchen, und in der DDR-Regierung wurde 1957 die einem SED-Mitglied unterstellte und von der «Abteilung für Kirchenfragen» im SED-Zentralkomitee abhängige «Dienststelle des Staatssekretärs für Kirchenfragen» begründet. Die CDU verlor viele kirchenpolitische Einflussmöglichkeiten, so dass in Zukunft das Verhältnis zu den Kirchen entscheidend von der SED, und zwar in letzter Verantwortung vom SED-Politbüro bestimmt wurde.

Das Vorgehen von Partei und Regierung gegen die Kirchen umfasste vier Maßnahmen:

(1) Partei und Staat bemühten sich darum, die Kirchen aus der Öffentlichkeit zu verdrängen. Die Kirchen sollten sich auf ihren Binnenbereich beschränken und nicht nach außen wirken

und sich erst recht nicht gesellschaftlich oder gar politisch engagieren. Diese Verdrängung gelang, soweit sie der Staat erzwingen konnte: Während der fünfziger Jahre verschwand Religion weitgehend aus den Massenmedien und den Schulen, die Verflechtungen zwischen Staat und Kirche, etwa bei der Kirchenfinanzierung, wurden größtenteils aufgelöst, und die institutionalisierten Regierungskontakte zu kirchlichen Stellen wurden abgebrochen.

(2) Begleitet wurde die Verdrängung der Kirchen aus der Öffentlichkeit von religionskritischer und kirchenfeindlicher Propaganda. Der Atheismus war faktisch Staatsideologie und wurde gezielt gegen die Kirchen eingesetzt. Das reichte von der Gegenüberstellung von naturwissenschaftlicher Wahrheit und religiösem Obskurantismus bis hin zu persönlichen Angriffen auf Kirchenleute, die mit einer angeblichen braunen Vergangenheit konfrontiert oder als gewissenlose Friedensfeinde verunglimpft wurden. In der Schule und in den Medien kamen Religion und Kirche fast nur noch in der ideologisch verzerrten und politisch instrumentalisierten Sicht des SED-Staats vor. Die Propaganda ging mit der treuherzigen Behauptung einher, dass in der DDR Religionsfreiheit herrsche, dass der Staat nicht kirchenfeindlich sei und dass es eine Interessengemeinschaft zwischen Kommunisten und Christen gebe. Solche Propaganda war nicht nur ein Phänomen der frühen DDR-Zeit, sie zog sich durch die ganzen vier Jahrzehnte. Allerdings veränderte sie ihren Charakter und ihre Formen, verlor an plakativer Aggressivität und gewann an argumentativer Differenziertheit. Noch im Januar 1989 wurde die Gründung eines «Verbandes der Freidenker in der DDR» auf den Weg gebracht, der existentielle Grundfragen aus nichtreligiöser Perspektive klären und auch konkrete Lebenshilfe leisten sollte. Die kirchliche Verkündigung und Seelsorge wurde also auch kurz vor dem Ende der DDR als Herausforderung wahrgenommen und mit erneuten Propagandabemühungen gekontert.

(3) Während Verdrängung und Propaganda von außen Druck aufbauten, zielte die «Differenzierung» auf die Zersetzung der Kirchen von innen. Nachdem die SED begriffen hatte, dass selbst

massive, bis zum Terror gesteigerte Repression die Religion nicht einfach zum Verschwinden brachte, wollte sie sich die innere Vielfalt der Kirchen zunutze machen, um ihr Ziel zu erreichen. Konkret hieß das, dass die Partei «progressive» Kräfte förderte, also kirchliche Mitarbeiter und Funktionäre, die die DDR unterstützten. «Negative» Kräfte dagegen, also Amtsträger und Kirchenmitglieder, die sich der Vereinnahmung durch die SED entzogen oder widersetzten, mussten damit rechnen, benachteiligt zu werden. Weil sich bald zeigte, dass das Schwarz-Weiß-Schema von SED-freundlichen und SED-feindlichen Kräften bei weitem nicht das ganze Spektrum an Einstellungen erfasste, wurde als dritte Gruppe die der «Realisten» identifiziert, die auf Distanz zum Staat bedacht, aber mit Zuckerbrot und Peitsche zu beeinflussen waren.

Erfolgreich war die SED mit ihrer Differenzierungspolitik vor allem in Bereichen, in denen die Kirchen sich gegen Einflussnahme kaum wehren konnten. Das galt etwa für die Fakultäten (Sektionen) für Evangelische Theologie an staatlichen Universitäten, wo sie dafür sorgte, dass eine Reihe staatsloyaler oder sogar parteinaher Theologen unterrichtete. Eine andere Möglichkeit der Differenzierung boten die Arbeitsgruppe Christliche Kreise der Nationalen Front und die Ost-CDU, wo sich staatsloyalen Christen ein Forum bot. Auch neugegründete Vereinigungen wie die international organisierte «Christliche Friedenskonferenz», der als Konkurrenz zu den bestehenden Pfarrvereinen gegründete staatsloyale «Pfarrerbund» oder die «Berliner Konferenz europäischer Katholiken» sollten die progressiven Kräfte in den Kirchen stärken, interne Spannungen vertiefen und die Kirchen destabilisieren.

Zur Differenzierungspolitik gehörte auch, dass die SED beanspruchte, sich ihre kirchlichen Gesprächspartner selbst aussuchen zu dürfen. Für den landeskirchlichen Protestantismus hieß das etwa, dass seit dem Ende der fünfziger Jahre die als besonders staatsnah geltende Thüringer Landeskirche mit ihrem Bischof Moritz Mitzenheim der bevorzugte staatliche Ansprechpartner war. Eine andere Form, sich seine Gesprächspartner auszusuchen und dabei die Repräsentanten der anderen

Seite zu übergehen, waren inoffizielle Gespräche, die die staatliche Seite zu nichts verpflichteten, den Gesprächspartner aber stark beeinflussen konnten.

(4) Zu den politischen Maßnahmen gehört auch die Schaffung sozialistischer Alternativen zu den religiösen Übergangsritualen. Die SED sah die Anhänglichkeit der Bevölkerung an die Religion auch darin begründet, dass die Menschen nicht auf die traditionellen Übergangsriten verzichten wollten. Deshalb schuf die SED ein Alternativangebot: die sozialistische Namensgebung anstelle der Taufe, die Jugendweihe anstelle der Firmung oder Konfirmation, die sozialistische Eheschließung anstelle der kirchlichen Trauung und die sozialistische Trauerfeier anstelle der kirchlichen Bestattung. Einblick in die Hintergründe und Ausgestaltung dieser Ersatzriten geben die «Grundsätze und Erfahrungen bei der Gestaltung sozialistischer Feierlichkeiten um Geburt, Eheschließung und Tod in Stalinstadt» (KJ 85, 1958, 176–181).

Obwohl die Partei dieses Alternativangebot einige Zeit lang eifrig anpries, stieß doch nur einer dieser säkularen Übergangsriten auf größere Resonanz: die Jugendweihe, die mit massivem staatlichem Druck durchgesetzt wurde. Die Jugendweihe zeigt, wie dieser Druck wirksam aufgebaut wurde: durch Belohnung und Bestrafung. Wer sich dem SED-Staat widersetzte, musste damit rechnen, in Schule, Studium und Beruf benachteiligt, bei der Wohnungsvergabe nicht berücksichtigt und gesellschaftlich an den Rand gedrängt zu werden. Wer es zu etwas bringen wollte, tat gut daran, Distanz zur Kirche zu halten. Der Ausbau des säkularen Alternativangebots an Hilfen zur Alltagsbewältigung und Lebensdeutung kam allerdings bald ins Stocken. Zwar trat die SED mit einem quasireligiösen Absolutheitsanspruch auf («Die Partei, die Partei, die Partei hat immer recht», L. Fürnberg) und konnte sich auch religiöser Inszenierungsformen bedienen, aber sie wollte und konnte nie zu einer echten Alternative zu den Kirchen werden. Die 1958 von der SED verkündeten «Zehn Gebote für den neuen sozialistischen Menschen» sind eines der letzten Zeugnisse des Versuchs, den Kirchen in ihrem ureigenen Bereich Konkurrenz zu machen. Mit dem Erfolg der Jugendweihe hatte sie so viel gewonnen, dass sie sich auch gar nicht mehr groß bemühen musste, ihr sonstiges Instrumentarium noch um eine sozialistische Alternativreligion zu erweitern, die mit dem eigenen Selbstverständnis nicht unbedingt vereinbar war.

### b) Administrative Maßnahmen gegen die Kirchen

Die politischen Maßnahmen setzten sich im Handeln der DDR-Behörden gegenüber den Kirchen fort. Wichtig war etwa die Genehmigungspraxis. Vieles musste beantragt werden und bedurfte der behördlichen Kenntnisnahme und Zustimmung: Bauvorhaben, der Empfang von Warenlieferungen aus dem Westen oder Reisen kirchlicher Mitarbeiter ins Ausland. Genehmigungen wurden oft verweigert, oder es wurden schwer zu erfüllende Auflagen gemacht. Ein wichtiges Instrument der SED-Kirchenpolitik war etwa die 1949 erlassene und immer wieder revidierte Veranstaltungsverordnung: Sie verlangte, dass Veranstaltungen bei der örtlichen Polizeidienststelle vorab anzumelden waren. Zwar waren religiöse Veranstaltungen in Kirchenräumen von der Anmeldepflicht ausgenommen, aber was der Anmeldepflicht unterlag, war letztlich Auslegungssache. Der SED-Staat nutzte die Veranstaltungsverordnung, um missliebige kirchliche Veranstaltungen zu verhindern und die Kirchengemeinden in ständiger Unsicherheit zu halten.

Es gab noch viele andere Möglichkeiten der Gängelung: Von der staatlichen Wohnungsverwaltung, die auch für Häuser in kirchlichem Besitz zuständig war, eine Bleibe für einen kirchlichen Mitarbeiter zugeteilt zu bekommen, war nicht einfach. Wer in der DDR unerwünscht war, konnte ausgesperrt werden, zum Beispiel angehende Geistliche, die in der Bundesrepublik oder der Schweiz ein Auswärtssemester verbracht hatten, kirchliches Leitungspersonal aus der DDR, das aus dienstlichen Gründen regelmäßig nach West-Berlin reisen musste, oder kirchlich engagierte Bundesbürger, die in die DDR fahren wollten. Obwohl es in der DDR laut der Verfassung von 1949 keine Zensur gab, wurden kirchliche Publikationen vor der Veröffentlichung vom Staat kontrolliert und im Sinne der Partei verändert. Um

Konflikte zu vermeiden, war in kirchlichen Publikationen Selbstzensur üblich: Manche Themen sprach man besser nicht an, und man überlegte sich gut, was man sagte und wie man es formulierte.

Zu den administrativen Maßnahmen gehört auch das Vorgehen der politisierten DDR-Justiz gegen kirchliche Mitarbeiter und engagierte Christen. Vor allem in den Anfangsjahren der DDR kam es zu Schauprozessen in stalinistischer Manier, und noch in den achtziger Jahren mussten Christen damit rechnen, in die Mühlen der Justiz zu geraten. Zu den Eigenheiten des Justizsystems der DDR gehörte, dass es keine Verwaltungsgerichtsbarkeit gab, so dass man der behördlichen Willkür ausgeliefert war und allenfalls mittels einer Eingabe an die höchsten Stellen Hilfe bekommen konnte.

### c) Polizeiliche Maßnahmen gegen die Kirchen

Neben den politischen und administrativen gab es die polizeilichen Maßnahmen, beginnend mit der Überwachung. Von Anfang an befasste sich die Politische Polizei mit den Kirchen, und das Ministerium für Staatssicherheit (MfS) baute über vierzig Jahre hinweg einen Überwachungsapparat auf, der die christlichen Religionsgemeinschaften genau im Blick behielt. Davon war der landeskirchliche Protestantismus als größte Religionsgemeinschaft besonders betroffen. Die Überwachung ging in die Infiltration der Kirchen und die geheimpolizeiliche Einflussnahme auf kirchliche Gremien und Mitarbeiter über. Das MfS warb unter Kirchenmitgliedern und kirchlichen Mitarbeitern inoffizielle Mitarbeiter an und schleuste auch hauptamtliche Mitarbeiter in die Kirchen ein. Zur operativen Bearbeitung der Kirchen durch das MfS zählte das ganze Instrumentarium geheimdienstlicher Zersetzungstätigkeit: das Streuen falscher Informationen, Rufschädigung, willkürliche Festnahmen oder Angriffe auf Körper und Seele der Menschen. Zwar waren die Kirchen bei weitem nicht das wichtigste Arbeitsfeld des MfS – das kapitalistische Ausland und die eigenen Genossen bedurften stärkerer Beobachtung und Beeinflussung –, aber auf sie wurde nicht viel weniger Energie und Akribie verwendet.

Dieses kirchenpolitische Instrumentarium der SED kam bis zum Ende der DDR in einem «Phasenwechsel von Härte und Milderung» (R. Mau) zur Anwendung und erwies sich als viel wirksamer als die Strategie schneller gewaltsamer Konfrontation, die die Partei zuvor verfolgt hatte. Der wichtigste Erfolg, der sich schon wenige Jahre nach dem kirchenpolitischen Strategiewechsel einstellte, war die beginnende und immer rascher voranschreitende Entfremdung der Bevölkerung von den Kirchen. Zwar würde es die Religion noch für einige Zeit geben – darauf stellte sich die SED ein –, aber die Entchristlichung und Entkirchlichung, die im 19. und frühen 20. Jahrhundert fast unmerklich vor sich gegangen und zeitweise auch aufgehalten worden war, entwickelte dank der neuen SED-Kirchenpolitik eine Dynamik, die binnen einiger Jahrzehnte die Kirchen als gesellschaftliche Einflussgrößen ausschalten würde.

Allerdings war die SED-Kirchenpolitik nicht die einzige Ursache für diese Entwicklung. Es war die SED-Politik im Ganzen, die – gerade auch da, wo Religion und Kirche überhaupt nicht im Blick waren – den Kirchen schwer zusetzte. Indem die SED die Industrialisierung und Urbanisierung vorantrieb, Bürgertum, Bauern und Handwerker benachteiligte und in die Flucht trieb, weite Teile der Bevölkerung in den Produktionsprozess einspannte, das Bildungsniveau steigerte, die Bevölkerung mobiler machte und mit der Zeit ein respektables Freizeit- und Konsumangebot bereitstellte – kurz gesagt: durch Veränderung der Gesellschaftsstruktur und des Alltagslebens –, beeinträchtigte sie Religion und Kirche ebenso wirksam, wie es ihr mit der offenen und verdeckten Verfolgung der Christen gelang. So gab es in den Neubauvierteln, wo die Arbeiter und Angestellten wohnten und ihren sozialistischen Alltag zwischen Betrieb, Wohnung, Kaufhalle, Kino und Schwimmbad zubrachten, kaum ein kirchliches Leben – und zwar nicht, weil der SED-Staat den Aufbau von Gemeindestrukturen behinderte, was tatsächlich auch geschah, sondern weil in Halle-Neustadt oder Berlin-Marzahn ein «Volksatheismus» die Norm wurde, der sich aus den Lebensumständen der Menschen ergab. Zu dieser Entwicklung trugen die Kirchen selbst ihren Teil bei, weil sie nur verzögert und nicht immer angemessen auf die gesellschaftlichen Veränderungen reagierten. Die Säkularisierung in der DDR wurde also von unterschiedlichen Faktoren beeinflusst, wobei die SED-Politik entscheidend war.

### Evangelische Kirche in der Defensive

Schon bald zeigten sich erste Erfolge der neuen Kirchenpolitik der SED. Statt der direkten massiven Konfrontation gab es unzählige schmerzhafte Nadelstiche, die zusammengenommen eine große Wirkung erzielten. Als besonders wirksam erwies sich die seit 1954 vom SED-Staat propagierte Jugendweihe, die mit Konfirmation und Firmung konkurrierte. Die Jugendweihe war im 19. Jahrhundert in der Arbeiterbewegung eingeführt worden und hatte seither ein Schattendasein gefristet. Erst durch den kirchenpolitischen Strategiewechsel der SED wurde sie zu einem biographischen Fixpunkt für die große Mehrheit der Heranwachsenden. Das geschah allerdings nicht ohne subtilen und offenen Zwang. 1955 nämlich, als sie erstmals flächendeckend angeboten wurde, fand die Jugendweihe nur wenig Zuspruch. Um die Zahlen zu steigern, übte der Staat Druck aus. Die Teilnahme an der Jugendweihe wurde als Ausweis staatsbürgerlicher Loyalität betrachtet, und wer sich lieber konfirmieren oder firmen ließ, setzte sich einem Verdacht aus und bekam Schwierigkeiten. Vor allem evangelische Eltern und Kinder reagierten auf die unmissverständliche Ansage von Seiten des SED-Staats. Die Teilnehmerzahlen stiegen rasch an, und ab den 1960er Jahren nahm fast jeder Heranwachsende an dieser Feier teil.

Weil die evangelischen Landeskirchen anfangs die Jugendweihe für unvereinbar mit der Konfirmation hielten, nahmen die Konfirmandenzahlen ab und pendelten sich erst auf einem niedrigen Niveau ein, als die Kirche die Jugendweihe neben der Konfirmation akzeptierte. Offensichtlich konnte man es von Eltern und Kindern nicht erwarten, dass sie sich dem Entweder-oder von Konfirmation und Jugendweihe stellten und für die Kirche und gegen den Staat entschieden. Man konnte allenfalls hoffen, dass sie die Herausforderung annahmen, sich auch noch konfirmieren zu lassen und sich damit einem Verdacht auszusetzen.

Weniger erfolgreich war der Versuch, staatsloyale Gruppen und Persönlichkeiten im Raum der Kirche zu fördern. Zwar konnte der SED-Staat den Eindruck erwecken, dass es im Protestantismus viele gab, die mit der Sache des Sozialismus sympathisierten. Aber bei näherem Hinsehen erwies sich, dass es sich dabei um einzelne Personen oder kleine Gruppen handelte, bei denen nicht immer klar war, ob sie aus echter Überzeugung oder nur aus Opportunismus den SED-Staat befürworteten. So blieb etwa der Weißenseer Arbeitskreis, der eine sozialismusaffine Theologie entwickelte und eine Selbstpreisgabe der evangelischen Kirche im Dienst an den Menschen propagierte, randständig. Wer evangelische Theologie studierte, um in den kirchlichen Dienst einzutreten, überlegte es sich, ob er an einer staatlichen Fakultät studierte oder nicht lieber eine der aufblühenden Kirchlichen Hochschulen in Berlin, Leipzig oder Naumburg besuchte, wo man zwar keinen staatlich anerkannten Abschluss bekam, aber in einzigartiger Freiheit studieren konnte.

So gab es seit 1950 in der Ost-Berliner Borsigstraße eine Dependance der West-Berliner Kirchlichen Hochschule, das Sprachenkonvikt. Je stärker sich die DDR vom Westen abschottete, desto mehr wurde aus dieser Vorbereitungsschule für das Theologiestudium, wo man ursprünglich nur Hebräisch, Griechisch und Latein lernen konnte, eine hochschulähnliche Ausbildungsstätte, die das ganze Lehrprogramm von der alttestamentlichen Wissenschaft über die Kirchengeschichte bis zur Philosophie anbot. Bis 1990/91 wurde hier unter schwierigen Bedingungen auf hohem wissenschaftlichem Niveau theologisch gearbeitet und gelehrt. Die hochschulähnlichen kirchlichen Ausbildungsstätten zeigen, dass der Zugriff des SED-Staats auf die Universitäten zu einer Ausweichbewegung führte und Alternativen stärkte, die zumindest den angehenden kirchlichen Mitarbeitern ein ideologisch unbelastetes Studium ermöglichten.

Erfolglos blieb auch das Bemühen der SED, die Landeskirchen auf dem Gebiet der DDR aus der Gemeinschaft der Evangelischen Kirche in Deutschland (EKD) zu lösen. Seit der Gründung der EKD 1945 waren die östlichen Landeskirchen Teil dieser gesamtdeutschen Organisation, und die EKD betonte immer wieder die kirchliche Gemeinschaft und ihre Verantwortung für das *ganze* deutsche Volk: Die Verabschiedung der EKD-Grundordnung fand 1948 in Eisenach statt; bei der EKD-Synode 1950 in Berlin-Weißensee ging es um den Weltfrieden und die Überwindung der deutschen Teilung; und der Leipziger Kirchentag 1954 machte mit seinen zehntausenden Teilnehmern aus Ost und West bei den Veranstaltungen und der mehr als eine halbe Million Besuchern des Abschlussgottesdiensts die grenzüberschreitende kirchliche Gemeinschaft und die Verankerung der Kirche in der Bevölkerung sichtbar.

Landeskirchen und Kirchengemeinden in West und Ost verbanden sich zudem in Partnerschaften, bei denen es nicht nur um Hilfeleistungen der westlichen Partner für die östlichen ging, sondern auch um Kontakte und Besuche. Bis zum Ende der DDR erfüllten diese Partnerschaften die vielfach beschworene grenzüberschreitende Gemeinschaft mit Leben und setzten der fortschreitenden wechselseitigen Entfremdung etwas entgegen. Die gesamtdeutsche Organisation des landeskirchlichen Protestantismus war den Machthabern in der DDR ein Dorn im Auge, und zwar nicht nur, weil damit die Zweistaatlichkeit infrage gestellt war, sondern auch, weil die Einbindung der östlichen Landeskirchen in die EKD ihnen Schutz bot und Zugriff auf materielle Ressourcen verschaffte.

Obwohl die Kirchen weiterhin Kirchensteuern einziehen durften und auch die als Ausgleich für die Kirchengutverluste des 19. Jahrhunderts gezahlten Staatszuschüsse weiter flossen, war die Finanzlage der östlichen Landeskirchen schwierig. Seit der zweiten Hälfte der fünfziger Jahre entstand darum ein System der Sach- und Finanzhilfen, mit dem die EKD, die westlichen Landeskirchen, die Diakonie, Kirchengemeinden, Einzelpersonen und staatliche Stellen der Bundesrepublik die östlichen Landeskirchen unterstützten. Diese materielle Unterstützung führte dazu, dass die östlichen Landeskirchen ihre Strukturen und Aktivitäten in weit größerem Maße aufrechterhalten konnten, als es ihre Finanzkraft eigentlich erlaubte. Gleiches galt auch für die römisch-katholische Kirche, die großzügig durch die Diözesen in der Bundesrepublik, das Bonifatiuswerk, den Deutschen Caritasverband und die Bundesregierung unterstützt wurde. Dem SED-Staat war die Hilfe aus dem Westen letztlich willkommen, milderte sie doch etwas die Konkurrenz um knappe Ressourcen in der DDR und ließ sich bei den mit der Zeit immer ausgefeilteren «Kirchengeschäften» mancher Zugewinn für den Staat herausschlagen.

Die evangelischen Landeskirchen reagierten auf die neue kirchenpolitische Strategie der SED, indem sie sich darum bemühten, die Volkskirche zu sichern. Dabei gab es zwei entgegengesetzte Positionen, die vom Bischof der Berlin-Brandenburgischen Kirche, Otto Dibelius, und vom Bischof der Thüringer Kirche, Moritz Mitzenheim, vertreten wurden. Dibelius plädierte für eine konsequente Abgrenzung vom SED-Staat, ja er verneinte sogar, dass diesem Staat von Christen der Obrigkeitsgehorsam geschuldet sei. Christen könnten in der DDR leben und sollten sich auch an die Regeln dort halten, aber nicht, weil die DDR das bessere Deutschland oder eine legitime Obrigkeit sei, sondern weil Gott ihnen diesen Ort zum Leben angewiesen habe und sie um ihrer Mitmenschen willen das Beste aus der schwierigen Situation machen müssten. Dibelius konnte eine solche offene Kritik am SED-Staat wagen, weil sein Dienstsitz in West-Berlin lag und er aus der DDR ausgesperrt worden war. Obwohl es durchaus Sympathien für diese Position gab, stieß Dibelius mit seiner Konfliktstrategie doch weithin auf Skepsis oder sogar Widerspruch. Denn es war fraglich, ob sich die Existenz des Protestantismus durch die Abgrenzung vom SED-Staat sichern ließ, ganz abgesehen von der Frage, wie man als Christ in einem dauernden Widerspruch zu der Welt leben konnte, in der man sich nun einmal vorfand.

Aber auch die entgegengesetzte Position fand wenig Zuspruch. Der Thüringer Landesbischof setzte mit Rückgriff auf eine umstrittene Auslegung von Luthers Zwei-Reiche-Lehre auf Anpassung und Kooperation. Mitzenheim sah die Lösung im Rückzug der Kirche auf den religiösen Bereich, um dadurch ein schiedlich-friedliches Nebeneinander von Staat und Kirche zu ermöglichen. Das bedeutete, politisch abstinent zu sein und dem Staat nur dann kritisch und fordernd gegenüberzutreten, wenn dieser in den kirchlichen Bereich eingriff. Allerdings gelang es Mitzenheim kaum, mäßigend auf den Staat einzuwirken. So blieb etwa sein Protest gegen die Jugendweihe wirkungslos. Der Bischof ließ sich auch für propagandistische Inszenierungen des Staats in Dienst nehmen, wodurch er in der Kirche zunehmend an Rückhalt verlor. Ihm wurde vorgeworfen, dass er den Grundwiderspruch zwischen Kirche und SED-Staat verkenne und mit seinem «Thüringer Weg» dem Staat zu viele Zugeständnisse mache.

Die Alternative von Konflikt oder Kooperation, von Widerstand oder Anpassung wurde seit den 1950er Jahren immer wieder diskutiert, aber nie entschieden. Vielmehr folgte der landeskirchliche Protestantismus einem Mittelweg, der zwischen konfliktbereiter Distanzierung und staatsloyaler Anpassung hin und her mäanderte.

Wenn es auch grundsätzliche Meinungsverschiedenheiten über das Verhältnis zum SED-Staat gab, so bestand doch ein breiter Konsens über die konkreten Maßnahmen, wie dieses Verhältnis von Seiten der Kirche auszugestalten war. Unumstritten war, dass die Kirchenleitungen sich mit den Vertretern des SED-Staats verständigen mussten. Deshalb war man stets offen für offizielle und inoffizielle Kontakte und kam den Staatsvertretern immer wieder entgegen. Konsens war auch, dass die Landeskirchen Konflikten nach Möglichkeit aus dem Weg gehen sollten, um nicht die eigenen Kräfte zu verzetteln und die entscheidenden Konflikte nicht mehr austragen zu können. Zugleich hielten die evangelischen Landeskirchen an ihrem Anspruch auf öffentliche Präsenz fest. Eine Religionsgemeinschaft, die die große Mehrheit der Bevölkerung repräsentiere, müsse öffentlich erkennbar sein und auch Wirkungsmöglichkeiten außerhalb kirchlicher Räumlichkeiten erhalten. Unumstritten war auch die Ablehnung der staatlich geförderten Alternativrituale und der in ihnen aufscheinenden politischen Religion, in der man kirchlicherseits nicht nur einen Übergriff auf das religiöse

Gebiet erkannte, sondern auch die Gefahr, dass sich die Bindung der Kirchenmitglieder an die Kirche lockerte. So war der Umgang der Kirche mit dem Staat pragmatisch, ohne aber den Grundkonflikt zu verkennen und allzu viele Zugeständnisse zu machen.

Dass die innerkirchliche Verständigung über das Verhältnis zum SED-Staat erst begonnen hatte und dass sich erst allmählich herauskristallisierte, wie man auf die fortgesetzte kirchenfeindliche Politik reagieren konnte, zeigt schlaglichtartig das zweite Spitzengespräch zwischen Staats- und Kirchenvertretern. Im Juni und Juli 1958 trafen sich Vertreter beider Seiten insgesamt siebenmal und tauschten sich aus. Es handelte sich nicht um ein gleichberechtigtes Gespräch. Vielmehr dienten die Treffen den Staatsvertretern dazu, Druck auf die Kirchenvertreter aufzubauen. Die Anfragen und Anliegen, die kirchlicherseits vorgebracht wurden – nach 1953 hatte die Kirchenverfolgung wieder stark zugenommen –, beantwortete der Staat mit Gegenforderungen. Vor allem drängten die Staatsvertreter darauf, dass die Kirche die dynamische Verfassungsauslegung des Staates akzeptierte, der zufolge nicht der Text der Verfassung, sondern dessen Deutung durch das politische Handeln der SED maßgeblich sei. Außerdem wurden die Kirchenvertreter mit der Forderung konfrontiert, ihre Loyalität zur DDR und ihre Zustimmung zum Sozialismus zu erklären.

Am letzten Tag des Gesprächs, dem 21. Juli 1958, legte die Regierung den Kirchenvertretern einen Entwurf für eine Schlusserklärung vor. Zermürbt von wochenlangen ergebnislosen Gesprächen und ohne größere Diskussion der staatlichen Forderungen stimmten die Kirchenvertreter einem Kommuniqué (KJ 85, 1958, 144 f.) zu, das anders klang als die Zusammenfassung der Verhandlungsergebnisse von 1953. Die gewichtigen Monita und Forderungen der Kirchenvertreter kamen in der Verlautbarung nur andeutungsweise vor. Die Glaubens- und Gewissensfreiheit wurde zwar bekräftigt und ungestörte Religionsausübung zugesagt, aber beides nur in allgemeiner Weise. Im Gegenzug nahmen die Kirchenvertreter den Vorwurf des Verfassungsbruchs zurück und äußerten sich in einer Weise über die DDR, die sich als die schon lange geforderte Loyalitätserklärung verstehen ließ: Sie erklärten, die Christen erfüllten «ihrem Glauben entsprechend [...] ihre staatsbürgerlichen Pflichten auf der Grundlage der Gesetzlichkeit» und sie respektierten «die Entwicklung zum Sozialismus».

Während die SED in den folgenden zwanzig Jahren immer wieder auf das Kommuniqué von 1958 verwies und die Loyalität von den Kirchen einforderte, die sie hier in den Augen der SED erklärt hatten, stieß die Vereinbarung im landeskirchlichen Protestantismus auf Zurückhaltung oder gar Ablehnung. Neben inhaltlicher Kritik stand der gewichtige Vorwurf im Raum, dass die Kirchenvertreter nicht ohne Rücksprache mit den Landeskirchen eine solche Erklärung hätten abgeben dürfen.

Das zweite Staat-Kirche-Gespräch, das mit einer unmissverständlichen Dominanzgeste des SED-Staats endete, fand in einer Zeit statt, als die Auswirkungen der 1954 begonnenen kirchenpolitischen Offensive unübersehbar waren: der Erfolg der Jugendweihe, die Verdrängung des Religionsunterrichts aus der Schule, die sprunghaft steigende Zahl an Kirchenaustritten, der Einbruch bei den Zahlen der Gottesdienstbesucher, der Mitglieder der Jungen Gemeinde oder der Teilnehmer an der Christenlehre. Schon 1956 hatte der Cottbuser Superintendent Günter Jacob vom «Ende des Konstantinischen Zeitalters» (KJ 83, 1956, 9–16) gesprochen, das er in Ost- wie in Westdeutschland gekommen sah. In der DDR war die Entwicklung allerdings – das zeigt das Staat-Kirche-Gespräch – weiter fortgeschritten und die Substanz der Kirche bereits angegriffen. Jacob ging es mit seiner Diagnose aber gar nicht darum, dieses Ende zu beklagen und die Rettung der Kirche in einer Rückkehr auf den alten Weg zu sehen, sondern er wollte – gerade auch angesichts des christlichen Traditionsabbruchs in der DDR – neue Wege finden. Man konnte den Verlust der kirchlichen Privilegien und das Schrumpfen der Kirche ja auch als Chance, ja vielleicht sogar als dem christlichen Glauben angemessenere Form von Kirche begreifen.

Neben Günter Jacob gab es eine ganze Reihe anderer Kirchenmänner und Theologen, die nach neuen Wegen suchten, etwa Friedrich Wilhelm Krummacher oder Johannes Hamel. Sie wichen der Alternative von Anpassung oder Widerstand aus und rieten dazu, sich auf die gegebene Situation einzulassen und in dieser ein erkennbar christliches Leben zu führen. Es gehe nicht darum, sich für oder gegen den SED-Staat zu erklären, sondern in der DDR für das Evangelium einzustehen, es in Wort und Tat zu bezeugen. Ein solcher Zeugendienst der Christen sei aber nicht möglich, ohne den SED-Staat als Obrigkeit anzuerkennen und die von ihm geschaffene Ordnung zu akzeptieren. Es hieß aber immer auch, sich auf Reibungen und Konflikte einzustellen und darauf vorbereitet zu sein, mehr Gott als den Menschen zu gehorchen. Johannes Hamel brachte die neue Verhältnisbestimmung zur DDR auf die Formel vom vierfachen «Ja» und einfachen «Nein»: Ja sagen könnten die Christen zur DDR, weil sie ein Werkzeug Gottes sei, weil die Christen durch sie zu Buße und Umkehr gerufen würden, weil die Kirche durch sie vor neue Herausforderungen gestellt würde und weil sie der von Gott bestimmte Ort der Kirche sei. Nein sagen müssten die Christen da, wo das Sich-Einlassen auf die gegebene Situation zum Verrat an Gott werde.

## Die Situation der römisch-katholischen und der anderen kleinen Kirchen

Neben den evangelischen Landeskirchen gab es in der SBZ und der DDR eine bunte Vielfalt anderer christlicher Religionsgemeinschaften. Sie standen alle viel weniger im Fokus des SED-Staats als der landeskirchliche Protestantismus, aber sie waren alle von der ideologischen Religionsfeindschaft der SED und ihrer kirchenfeindlichen Politik betroffen. Die mit Abstand größte Gemeinschaft unter den kleinen war die römisch-katholische Kirche. Der mitteldeutsche Katholizismus war – abgesehen von einigen verstreuten Gebieten mit großem katholischen Bevölkerungsanteil wie dem Eichsfeld in Thüringen – Diasporakatholizismus. Um 1950 zählte vor allem dank der katholischen Vertriebenen etwa ein Zehntel der Bevölkerung zur katholischen Kirche. Der Anteil sank bis zum Ende der DDR auf die Hälfte, was teils mit der Fluchtbewegung bis 1961, teils mit Kirchenaustritten zu tun hat.

Die überkommene Organisationsstruktur wurde vorerst beibehalten: Es gab die beiden Bistümer Berlin und Meißen, und für die Regionen, die Bischöfen außerhalb der DDR unterstanden, wurden Verwalter eingesetzt. Als absehbar war, dass sich die politischen Grenzen vorerst nicht verschieben würden, stiegen diese Verwalter zu «Ordinarien» auf, also zu selbständigen kirchlichen Leitungsverantwortlichen. Lange Zeit wurden aber die Diözesangrenzen und Leitungsstrukturen nicht endgültig festgelegt, weil man fürchtete, dass solche Anpassungen an die Nachkriegswirklichkeit vom SED-Staat genutzt werden könnten, um die enge Verbindung des ostdeutschen zum westdeutschen Katholizismus zu lockern. Wie die evangelischen Bischöfe, so bildeten auch die katholischen ein eigenes Koordinationsgremium für die DDR, die Berliner Ordinarienkonferenz, die 1976 zur Berliner Bischofskonferenz aufgewertet wurde.

Auch die katholische Kirche war durch die Vertriebenen herausgefordert: Im Ermland oder Schlesien hatte es viele Katholiken gegeben, die nun als Flüchtlinge auch in der Sowjetischen Zone eine neue Heimat suchten. Hatte es vor dem Krieg auf dem Gebiet der späteren DDR weniger als eine Million Katholiken gegeben, so wuchs diese Zahl bis Mitte der vierziger Jahre auf mehr als das Doppelte. Der Zustrom von katholischen Vertriebenen veränderte zwar nicht die Diasporasituation, stärkte die Kirche aber, allerdings um den Preis einer Überlastung der vorhandenen und durch den Krieg sowieso schon geschwächten Strukturen. Es mangelte an Priestern, Religionslehrern und Räumlichkeiten, und die kirchliche Verwaltung war nicht selten überfordert. Ein besonderes Problem war, dass der mitteldeutsche Diasporakatholizismus mit der Mentalität und den Traditionen der neuen Glaubensgeschwister fremdelte. Lange Zeit war die kirchliche Arbeit von der Integration der Vertriebenen bestimmt, die am Ende gelang und den mitteldeutschen Katholizismus frömmer und selbstbewusster machte.

Die Kirchenpolitik der SED betraf auch den Katholizismus, so dass man sich auch hier die Frage stellte, wie mit dieser Herausforderung umzugehen war. Auch hier gab es keine Sympathien für die zweite totalitäre Parteidiktatur, und die Kirchenvertreter und Gemeindemitglieder hielten sich nicht damit zurück, ihre Ablehnung deutlich zu machen. Dass für die SED der Katholizismus viel weniger von Interesse war als der landeskirchliche Protestantismus und dass die Katholiken in den westdeutschen Diözesen und im Papst eine starke Stütze hatten, bedeutete mehr Freiheit, auch wenn dem Katholizismus der Rückhalt in der Bevölkerung fehlte, um diese Freiheit gegen den SED-Staat zu nutzen. Die Diasporasituation legte es nahe, dass der Katholizismus der Alternative von Anpassung oder Widerstand auswich, sich auf sich selbst zurückzog und dem SED-Staat distanziert begegnete. Immer noch fühlten sich viele Kirchenmitglieder dem katholischen Milieu, wie es sich im 19. und frühen 20. Jahrhundert ausgebildet hatte, zugehörig, und dieses Milieu gewann dank des Gegenübers zum SED-Staat als Schutzraum an Attraktivität. Konkret hieß das, dass der Katholizismus in den Kirchengemeinden und den Familien gelebt wurde, dass er aber keinen Anspruch auf öffentliche Präsenz und gesellschaftliche Wirkung erhob. Die Kirche beschränkte sich auf ihr religiöses Kerngeschäft, und der SED-Staat akzeptierte diese Selbstbeschränkung und ließ den Katholizismus weitgehend in Frieden.

Es gab aber immer auch Reibungspunkte und Konflikte. Ein großes Problem war die unklare Rechtsgrundlage der Beziehungen zwischen Kirche und Staat. In der Neuzeit hatte es sich eingebürgert, dass die römisch-katholische Kirche Verträge (sogenannte Konkordate) mit Staaten abschloss, in denen die Beziehungen geregelt waren. Das 1929 abgeschlossene Preußenkonkordat und das 1933 abgeschlossene Reichskonkordat wurden von der DDR nicht anerkannt. Die SED hatte auch kein Interesse an einem neuen Konkordat, das die Kirche aufgewertet und den Spielraum der Partei im Umgang mit ihr eingeschränkt hätte. Also bewegte sich der DDR-Katholizismus in einem konkordatsfreien Raum. Praktisch hieß das, in immer neuen Gesprächen mit Staatsvertretern Kompromisse für den Augenblick auszuhandeln. Dabei trat der DDR-Katholizismus weder duckmäuserisch noch staatsfromm auf, und der SED-Staat demonstrierte immer wieder, dass er die Kirche als ideologischen Gegner im Blick hatte und ihr nichts durchgehen ließ. Nicht ohne Grund sprach der Hirtenbrief der DDR-Ordinarien vom 8. Februar 1959 davon, dass die Christen in der DDR als «Kirche unter dem Kreuz» lebten (Höllen II, 155–157). Angesichts zunehmender Repression, die in der zweiten Hälfte der fünfziger Jahre auch die katholische Kirche traf, machte die Berliner Ordinarienkonferenz in ihrem Fastenbrief 1960 (Lange: Katholische Kirche, 163–168) deutlich, was es hieß, als «Christ in atheistischer Umwelt» zu leben: sich mit der angefochtenen Kirche zu solidarisieren und sich mit ihr gegen das Unrecht zu stellen. Das hieß konkret, nicht den Staatssozialismus und seine Handlager wie die Staatssicherheit oder die Ost-CDU zu unterstützen. Diese Grundhaltung gegenüber dem SED-Staat konnte sich je nach Situation unterschiedlich auswirken, mal mehr als kritische Distanzierung, mal mehr als sachorientierte Kooperation. Das erste und das letzte Jahrzehnt der DDR-Geschichte waren mehr Zeiten der Abgrenzung vom Staatssozialismus, das zweite und dritte Jahrzehnt mehr Zeiten der Hinnahme der gegebenen Verhältnisse. Immer aber galt, dass die Katholiken den SED-Staat als «fremdes Haus» betrachteten, dessen «Grundfesten» sie nicht gebaut hätten und dessen «tragende Fundamente» sie für falsch hielten, das sie aber für alle Menschen wohnlich machen und in dem sie selbst «menschenwürdig und als Christen leben können» wollten, wie der Meißner Bischof Otto Spülbeck 1956 auf dem Katholikentag in Köln in einer Predigt bemerkte (Höllen II, 23 f.).

Die Freikirchen und christlichen Sondergemeinschaften waren deutlich kleiner als die römisch-katholische Kirche. Manche hatten nur einige hundert Mitglieder und befanden sich dem übermächtigen Staat gegenüber in einer schwachen Position. Die Freikirchen und Sondergemeinschaften hatten immer schon abseitsgestanden und sich auf ihr religiöses Gemeinschaftsleben konzentriert, und sie setzten diesen Weg nun fort. Reagierte der landeskirchliche Protestantismus auf die Alternative von Anpassung oder Widerstand mit einem theologisch anspruchsvollen und in der Praxis mühsamen Sowohl-als-auch und folgte der sich auf sein Milieu besinnende römische Katholizismus einem Weder-noch, so hatten die kleinen Kirchen keine andere Möglichkeit, als sich für eine der beiden Optionen zu entscheiden. Die allermeisten wählten die Anpassung. Das fiel auch nicht allzu schwer, da sich der SED-Staat kaum für die Ränder des religiösen Feldes interessierte. Die eigentliche Auseinandersetzung zwischen der SED und den Kirchen wurde stellvertretend vom landeskirchlichen Protestantismus ausgefochten. Einige der größeren Freikirchen – Baptisten, Methodisten sowie der Bund Freier evangelischer Gemeinden – konnten darum Anfang 1962 in einer Vereinbarung mit dem Staatssekretariat für Kirchenfragen ihre Loyalität zur DDR und ihre Achtung für den Sozialismus erklären:

> Wir anerkennen die Regierung der Deutschen Demokratischen Republik als eine von Gott gesetzte Obrigkeit, der wir gemäß den Weisungen der Heiligen Schrift Unterordnung und Loyalität schuldig sind, und stehen zu unseren staatsbürgerlichen Pflichten. […] Wir achten die Entwicklung zur neuen Gesellschaftsordnung des Sozialismus, fördern alle auf das Wohl des Volkes gerichteten Maßnahmen und tragen so zum friedlichen Aufbau des Volkslebens bei. […] Wir wissen uns mit den uns eigenen Mitteln mitverantwortlich für den Frieden in der Welt, unterstützen die auf den Frieden gerichteten Bemühungen unserer Regierung und erhoffen den Abschluß eines Friedensvertrages. (Eine offene Flanke zur Welt, 111 f.)

Dass sich viele Freikirchen anpassten, heißt nicht, dass sie an für sie entscheidenden Punkten kompromissbereit waren. Die 1962 geschlossene Vereinbarung weist auf «die grundsätzliche weltanschauliche Verschiedenheit zwischen Christen und Nichtchristen» hin und betont den «Grundsatz der Trennung von Kirche und Staat», was aus freikirchlicher Perspektive vor allem hieß, dass der Staat sich aus den inneren Angelegenheiten der Kirche heraushalten solle.

Was freikirchliche Kompromisslosigkeit heißen konnte, lässt sich an den Adventisten beobachten. Diese kleine Freikirche hielt Distanz zum SED-Staat, versuchte aber durch manches Zugeständnis an die Machthaber, ihre Arbeit zu sichern. So gelang es den Adventisten, ihr religiöses Zentrum Friedensau auszubauen: Hier fanden sich neben der Predigerschule auch ein Alten- und ein Rüstzeitenheim. Ein Zugeständnis machten sie jedoch nicht: Sie hielten unbeirrt am Samstag (dem «Sabbat») als ihrem wöchentlichen Feier- und Ruhetag fest, was Erwachsene wie Kinder immer wieder in Konflikt mit dem Staat brachte. Lange galt in der DDR noch eine sechstägige Arbeits- und Schulwoche, und wer am Samstag Zeit hatte, wurde bei den «freiwilligen» Arbeitseinsätzen (Subbotnik) erwartet.

Es gab aber auch Religionsgemeinschaften, die in ihrer Konfliktbereitschaft weitergingen und zeigten, dass hinter der kleinbürgerlichen Fassade ein bemerkenswerter Glaubensmut lebendig war. Das eindrucksvollste Beispiel für diesen konfliktbereiten religiösen Rigorismus sind die Zeugen Jehovas, eine im 19. Jahrhundert in den USA entstandene religiöse Gemeinschaft, die in der DDR einige tausend Mitglieder hatte. Viele von ihnen hatten im Dritten Reich bereits das Verbot ihrer Organisation, Verfolgung und Internierung erlebt und wussten, wie man sich klandestin organisiert. Wegen der engen Verbindungen zur Watchtower Society in New York und wegen ihrer Absonderung von der Gesellschaft galten die Zeugen Jehovas der SED als verdächtig. 1950 wurde die Gemeinschaft in der DDR verboten, und das Verbot wurde mit staatlichen Machtmitteln durchgesetzt. Es gelang bald, die Organisation zu zerschlagen, die interne Kommunikation zu unterbinden und die Verbindungen ins Ausland zu kappen. Als die eigentliche Herausforderung für die SED erwies sich jedoch die Konflikt- und Leidensbereitschaft der einzelnen Zeugen, die nicht daran dachten, sich dem staatlichen Verbot und den Zwangsmaßnahmen zu fügen. Man traf sich weiterhin im kleinen Kreis und tauschte Schriften aus. Es wurden wiederum klandestine Organisationsstrukturen geschaffen und sogar der Kontakt ins Ausland gesucht. Der Mitgliederbestand veränderte sich zwar, aber die Zahl sank kaum, missionierten die Zeugen Jehovas doch weiterhin. Als der SED-Staat merkte, dass er mit Verbot und Repression keinen Erfolg hatte, versuchte er es mit Differenzierungspolitik: Er bevorzugte staatsloyale Gruppierungen und beförderte interne Spaltungen, ohne die Zeugen Jehovas damit aber entscheidend schwächen zu können. In den siebziger und achtziger Jahren blieb das Verbot, die Verfolgung schwächte sich jedoch ab, denn andere Gefahren zogen die Aufmerksamkeit auf sich, und das Regime fürchtete um seinen Ruf in der Welt. So kam es dazu, dass in einem diktatorischen Staat mit totalitären Zügen eine verbotene und verfolgte Religionsgemeinschaft über Jahrzehnte hinweg weiterexistierte.

## 3. Im Schatten der Mauer (1961–1968)

Anfang der sechziger Jahre herrschte auf Seiten der Kirchen wie des SED-Staats Erschöpfung. Auch wenn die sowjetische Kulturrevolution die DDR von Grund auf verändert hatte, so stockte doch der «Aufbau des Sozialismus». Die wirtschaftliche Dauerkrise verschärfte sich: Obwohl der Krieg längst vorbei war, herrschte Mangelwirtschaft, und es gab Rationierungen. Die Landwirtschaft verlor durch die Zwangskollektivierung an Leistungskraft, Industrie und Handwerk durch die Verstaatlichung. Zugleich fehlten Arbeitskräfte. Vor allem die immer größer werdende Zahl an Menschen, die in den Westen flohen – mehr als zweieinhalb Millionen Menschen bis 1961 –, stellte die DDR-Führung vor Probleme. Neben dem Verlust an Wirtschaftskraft schmerzte auch, dass die Flüchtlinge dem selbsterklärten «besseren Deutschland» den Rücken kehrten und so dem Staatssozialismus ein vernichtendes Zeugnis ausstellten. Auch die Kirchen befanden sich in einer schwierigen Lage: Der Umbau von Gesellschaft und Wirtschaft engte ihre Handlungsspielräume zunehmend ein, mit den West-Flüchtlingen verließen vielfach kirchlich gebundene und engagierte Menschen die DDR, die antikirchliche Politik des SED-Staats setzte sich fort, und die um sich greifende Entfremdung vom christlichen Glauben wurde unübersehbar.

Die SED-Führung sah im Sommer 1961 keine andere Möglichkeit, den Niedergang des Landes aufzuhalten, als die Grenze zur Bundesrepublik endgültig zu schließen und die Verbindungen in den Westen zu kappen. Die Abkapselung der DDR von der Bundesrepublik hatte schon lange vorher begonnen. 1961 war nur noch die Sektorengrenze in Berlin passierbar. Dieses letzte Schlupfloch wurde am 13. August 1961 mit dem Bau der Berliner Mauer geschlossen. Für viele in der DDR war das ein Schock. Man war eingesperrt in eine widerwillig hingenommene Parteidiktatur und abgeschnitten von den Verbindungen in den Westen. Es herrschte weithin Fassungslosigkeit. Gerade auch in den Kirchen sah man sich vor den Kopf gestoßen, hatten sich doch die engagierten Christen in der DDR bei allen Vorbehalten gegenüber der Parteidiktatur immer mit dem Propheten Jeremia dafür eingesetzt, zu bleiben und der Stadt Bestes zu suchen (Jer. 29,7). Es gab sogar Menschen, die bewusst vom Westen in den Osten übergesiedelt waren, um sich hier für die Kirche zu engagieren, darunter auch Pfarrer.

Einer dieser Pfarrer war Horst Kasner. Nach dem Krieg hatte es den Berliner in den Westen verschlagen, wo er Theologie studierte und seinen kirchlichen Dienst begann. Mit seiner berlin-brandenburgischen Heimatkirche war aber abgesprochen, dass er dort arbeiten würde. So wurde er 1954 Pfarrer in der Prignitz und leitete später das Pastoralkolleg in Templin. Mit ihm kam auch seine Frau Herlind nach Brandenburg – und die in Hamburg geborene Tochter Angela, die nach der Friedlichen Revolution als CDU-Politikerin Karriere machte und Bundeskanzlerin wurde. Kasner setzte sich dafür ein, die DDR als Ort christlichen Lebens und kirchlichen Wirkens anzunehmen und den Sozialismus wertzuschätzen. Er war einer von mehreren Dutzend Pfarrern, die in den fünfziger Jahren den umgekehrten Weg von West nach Ost gingen. Dieser Weg wurde 1961 versperrt. Die missionarische Existenz in «Gottes geliebter Ostzone» (J. Hamel/K. Barth) verlor damit entscheidend an Überzeugungskraft, weil sie nun nicht mehr freie Entscheidung für das christliche Leben in der DDR, sondern durch die äußeren Umstände erzwungen war.

## Evangelische Landeskirchen: «Freiheit und Dienst»

Die ersten Versuche, den Schock zu überwinden und mit dem Einschnitt des Mauerbaus zurechtzukommen, gab es im landeskirchlichen Protestantismus. Seit dem Herbst 1961 arbeitete eine Kommission an einem Papier, das im Laufe des Folgejahrs breit diskutiert und Anfang 1963 veröffentlicht wurde: «Zehn Artikel über Freiheit und Dienst der Kirche» (KJ 90, 1963, 181–

185). Diese Artikel, in denen sich viele Kirchenmitglieder und kirchliche Mitarbeiter wiederfinden konnten, sind das wichtigste bekenntnisartige Dokument der evangelischen Landeskirchen in der DDR. Angesichts der durch den Mauerbau verschlimmerten Lage der Kirche betonen die «Zehn Artikel» die Freiheit der Kirche. Dass die Kirche als Organisation selbständig und in ihrer Verkündigung und Seelsorge frei war, bedeutete, dass sie sich nicht dem SED-Staat unterordnete und anpasste. Zugleich wurde aber auch betont, dass die Freiheit der Kirche Voraussetzung für ihren Dienst an den Menschen sei, für die die Christen wegen ihrer Bindung an Gott Verantwortung trügen. Mit beidem – der Bejahung der Freiheit und der Betonung des Dienstes – stellte der landeskirchliche Protestantismus klar, wie er seinen Weg in der DDR sah: als Selbstbehauptung gegenüber dem SED-Staat im Dienst der Menschen.

Dass dies schwerer werden würde, als manche dachten, zeigte sich schon daran, dass die «Zehn Artikel» auf wenig Resonanz an der kirchlichen Basis stießen. Obwohl es breite Zustimmung gab, erschienen sie vielen als zu vorsichtige Stellungnahme, die zudem keine wirkliche Orientierung bot. Bei einigen stießen die «Zehn Artikel» auch auf offene Ablehnung. So arbeitete der SED-loyale Weißenseer Arbeitskreis die «Zehn Artikel» zu «Sieben Sätzen» um, die zwar auch von Freiheit und Dienst sprachen, aber die Freiheit der Kirche mit einem dialektischen Kunstgriff als den Dienst am Menschen definierten und so die Existenz der Kirche in ihr Handeln hinein auflösten und der Einflussnahme des Staates preisgaben. Auch dieser Text bot keine Orientierung, und er wurde nur von einer kleinen Minderheit bejaht. Beide Papiere zeigen, dass der landeskirchliche Protestantismus die Herausforderung durch den Mauerbau sah, aber weder zu einer einmütigen noch zu einer überzeugenden Entgegnung fand.

Die veränderte Lage musste aber nicht nur diskutiert und neu bewertet werden, sie brachte auch praktische Probleme mit sich. *Eine* evangelische Landeskirche war vom Mauerbau direkt betroffen: die Evangelische Kirche in Berlin-Brandenburg (EKiBB). Schon in den Jahren zuvor hatte die SED versucht, die

Verbindungen zwischen den beiden Teilen der EKiBB in West-Berlin einerseits und Ost-Berlin und Brandenburg andererseits zu lockern und zu lösen – allerdings ohne großen Erfolg. Zwar konnte die Kirche gegen Einreiseverbote und Kontaktbeschränkungen wenig tun, aber die Ost und West übergreifende Einheit der EKiBB stand nie zur Disposition. Gleiches galt für den konfessionellen Bund, dem die EKiBB angehörte, der gleichermaßen Landeskirchen in der Bundesrepublik und der DDR umfasste: die Evangelische Kirche der Union (EKU). Auch die EKU sah sich dem Druck des Staates ausgesetzt, der auf eine Abspaltung der östlichen Gliedkirchen drängte, blieb aber standhaft. Gerade weil die Einheit auf den unterschiedlichen Ebenen bewahrt werden sollte, sah man sich jetzt besonders herausgefordert: Das Kirchenrecht und die Leitungsstrukturen mussten angepasst, die Kontakte zwischen dem östlichen und westlichen Teilbereich wiederhergestellt und der Gemeinschaftsgeist bewahrt werden. EKiBB und EKU waren hier bemerkenswert erfolgreich. Bis zum Ende der DDR hielten sie trotz der Trennung in einen westlichen und einen östlichen Bereich an der kirchlichen Einheit über die Mauer hinweg fest.

Auch auf der Ebene der Kirchengemeinden wurden während der sechziger Jahre Veränderungen erforderlich. Zwar war der Verlust an Mitgliedern durch Flucht beendet, doch die Kirchenaustrittszahlen blieben hoch und die Taufzahlen niedrig. Auch wenn vielerorts das überkommene Leben der Kirchengemeinde noch einigermaßen intakt war, schienen Veränderungen unausweichlich. Was nötig und möglich war, wurde in kirchlichen Kreisen diskutiert. Ein Vorschlag betraf etwa die Konfirmation, die durch die Jugendweihe viel an Bedeutung verloren hatte. Es gab Überlegungen, aus dem volkskirchlichen Übergangsritus einen Bekenntnisakt der Heranwachsenden zu machen, dessen religiöser Kern klarer herausgestellt und der in eine längerfristige Vor- und Nachbereitung eingebettet werden sollte. Umgesetzt wurden solche Pläne nur teilweise; die Beharrungskraft des etablierten Rituals war stärker.

Auch die Gemeindearbeit und besonders die kirchliche Jugendarbeit bedurften der Umgestaltung. Der Sonntagsgottesdienst war nicht mehr der vorrangige Ort, wo die Gemeinde zusammenkam und die Gemeinschaft gelebt wurde. Deshalb gab es nun vermehrt Rüstzeiten für unterschiedliche Gemeindegruppen oder Treffen für bestimmte Zielgruppen auf regionaler Ebene. Die Kirchengemeinden verstärkten auch die übergemeindliche Kooperation, stellten etwa gemeinsame Mitarbeiter für bestimmte Arbeitsfelder an oder bildeten für Mitglieder anderer Gemeinden offene Arbeitsschwerpunkte. Alternative Gottesdienstformen wurden erprobt, etwa die Reihe «Gottesdienst einmal anders» in Karl-Marx-Stadt (Chemnitz) mit Lichtbildern, moderner Musik und Spielszenen. Diese Veränderungen gingen einher mit Verschiebungen im theologischen Denken und im Frömmigkeitsleben. Auch der ostdeutsche Protestantismus war aufgeschlossen für neue Ideen, allerdings hielt er in vielerlei Hinsicht stärker an der kirchlichen Tradition fest und trieb die Modernisierung weniger offensiv voran als der westdeutsche.

Während man in der Kirche noch versuchte, die Folgen des Mauerbaus zu bewältigen und sich auf die neue Lage einzustellen, begann die SED, die neu gewonnene Freiheit zu nutzen. Jetzt musste sie bei einer ideologischen Verschärfung ihrer Politik nicht mehr mit steigenden Flüchtlingszahlen rechnen, sondern konnte erwarten, dass die zum Bleiben gezwungene Bevölkerung die staatlichen Zumutungen mit größerer Anpassungsbereitschaft auf sich nahm. Zugleich konnte sie die durch den Mauerbau gewonnene Stabilität nutzen, um Reformen zu wagen und die Konflikte aus der Zeit des «Aufbaus des Sozialismus» etwas zu entschärfen. Das Verhältnis zu den Kirchen war in den sechziger Jahren darum sowohl von erneuter Konfrontation als auch von phasenweiser Entspannung bestimmt.

Ein Feld, auf dem die ideologische Umgestaltung vollendet wurde, war das Bildungswesen. Es gab nun ein einheitliches und auf allen Stufen von der SED kontrolliertes Schul- und Hochschulsystem. Für kirchliche Interessen war hier kein Platz, und auf christliche Eltern und Kinder wurde keine Rücksicht genommen. Schulischen Religionsunterricht gab es nicht, und wer nicht mit Lehrern und Behörden in Konflikt geraten wollte, tat gut daran, die Parteipropaganda im Unterricht hinzunehmen, zu der auch ideologische Religionskritik und persönliche Angriffe auf gläubige Menschen gehörten. Vor der Vereinheitlichung und Ideologisierung des Bildungssystems konnte man nicht in kirchliche Schulen und Hochschulen ausweichen. Die SED-Bildungspolitik hatte das einstmals blühende kirchliche Schulwesen weitgehend beseitigt. Es gab nur noch einige wenige Einrichtungen, in denen die Tradition der humanistischen Bildung in christlichem Geist weitergepflegt wurde. Das war vor allem für angehende kirchliche Mitarbeiter und Geistliche wichtig, die vielfach kein Abitur machen und nicht studieren konnten: Sie wurden in kirchlichen Einrichtungen zu kirchlich anerkannten Abschlüssen geführt.

Ein anderes drängendes Problem war die Wehrpflicht. Die DDR hatte seit 1956 wieder eine Armee und führte 1962 die Wehrpflicht ein. Weder die Armee noch die Wehrpflicht waren für die meisten Kirchen an sich ein Problem. Aber angesichts des Kalten Kriegs und der ideologischen Instrumentalisierung des Militärs gab es doch ein verbreitetes Unbehagen, das sich an einem bestimmten Punkt auch artikulierte: bei der Frage der Kriegsdienstverweigerung. Wenn auch ein grundsätzlicher Pazifismus nur eine Minderheitsposition unter den Christen war, so war doch allgemein anerkannt, dass es ein Recht geben müsse, den Waffendienst aus Gewissensgründen zu verweigern. Das war für die SED jedoch undenkbar, schließlich diente die Nationale Volksarmee unter Führung der Partei dem Weltfrieden, und wer sich dem Waffendienst verweigerte, stellte sich damit gegen die Partei und gegen den Frieden. Kirchliche Forderungen, Kriegsdienstverweigerung und Ersatzdienst zu ermöglichen, wurden von der SED anfangs ignoriert. Letztlich machte die SED doch ein Zugeständnis: 1964 schuf sie die militärische Sondereinheit der Bausoldaten. Die Bausoldaten legten zwar ein Gelöbnis ab und trugen Uniform, aber sie waren vom Waffendienst befreit. Stattdessen kamen sie im militärischen Bauwesen zum Einsatz. Obwohl sich hier nur eine kleine Gruppe von Christen fand – die meisten absolvierten den üblichen Wehrdienst –, war der Bausoldatendienst ein wichtiges und im Ostblock einzigartiges Zugeständnis. Die Bausoldaten zeigten, dass der SED-Staat Rücksicht auf die Christen nehmen und die Kirchen als Anwalt von Interessen anerkennen musste, die in der gleichgeschalteten Parteidiktatur nicht mehr laut werden konnten. Die Kirchen, besonders der landeskirchliche Protestantismus, standen den Bausoldaten mit Beratung und Begleitung zur Seite. Sogar die kleine Gruppe der Totalverweigerer, die scharf verfolgt wurde, fand Rückhalt bei den Kirchen.

Die Kirchen waren aber nicht nur damit beschäftigt, sich in der neuen Situation zurechtzufinden, sondern sie richteten den Blick auch nach außen. In das Jahr 1965 fallen zwei Initiativen des landeskirchlichen Protestantismus einerseits und der römisch-katholischen Kirche andererseits, die zeigen, dass die Kirchen in der DDR sich trotz der Abtrennung vom Westen als Teil einer gesamtdeutschen Gemeinschaft verstanden und aus christlicher Verantwortung das Verhältnis zu den östlichen Nachbarn klären wollten. Im Oktober 1965 legte die EKD ihre sogenannte Ostdenkschrift vor. Der Text stellte die «Lage der Vertriebenen» vor Augen und diskutierte das «Verhältnis des deutschen Volkes zu seinen östlichen Nachbarn». Sie machte deutlich, dass die Vertreibungen wie ein dunkler Schatten über den Beziehungen der Deutschen zur Sowjetunion, zu Polen und zur ČSSR lagen. Aber weder rechtlich noch ethisch seien die verwickelten Fragen von Schuld und Wiedergutmachung zufriedenstellend zu klären – und es gebe auch kein theologisches Argument, das eindeutig für oder gegen den Verzicht auf die verlorene Heimat spreche. Entscheidend sei eine politische Abwägung, die die Interessen aller Beteiligten zu berücksichtigen habe und den Frieden in Europa sichern helfe. Dieses umstrittene Papier, das der neuen Ostpolitik der sozialliberalen Koalition vorarbeitete, steht für einen Mentalitätswandel in der Bevölkerung, auch in der DDR. Man darf nicht vergessen, dass die EKD 1965 noch über die Mauer hinweg bestand, dass also die innerkirchliche Verständigung auch die Protestanten in der DDR betraf, selbst wenn hier deutlich vorsichtiger und leiser diskutiert wurde als in der Bundesrepublik. Denn in der DDR gab die SED vor, dass das Verhältnis zu den östlichen Nachbarn durch die sowjetische

Neuordnung Mittelosteuropas ein für alle Mal geklärt war. Im kommunistischen Machtbereich seien die nationalen Konflikte der Vorkriegszeit Vergangenheit, ja das rote Banner sei zum Symbol der friedlichen Völkergemeinschaft geworden. Im landeskirchlichen Protestantismus der DDR gab es allerdings ein Bewusstsein dafür, dass das Verhältnis zu den östlichen Nachbarn nicht endgültig geklärt war und dass man die Probleme dieses Verhältnisses nicht unterschätzen durfte. Auch wenn die Grenzfrage für die DDR beantwortet war und Ansprüche der Vertriebenen nicht anerkannt wurden, blieb doch das Trauma des Heimatverlusts und das Gefühl erlittenen Unrechts. Darum beteiligte man sich auch in der DDR an den kircheninternen Diskussionen um die EKD-Denkschrift – und bemühte sich zugleich um die Vertiefung der ökumenischen Kontakte zu den Kirchen in Mittelosteuropa.

Dasselbe Interesse verfolgte in anderer Form die römisch-katholische Kirche. Die polnischen Bischöfe schrieben im November 1965 die deutschen Bischöfe an und luden die deutschen Katholiken ein, mit ihnen das tausendjährige Jubiläum der polnischen Kirche zu feiern. In ihrem Brief berührten sie auch das gespannte Verhältnis zwischen Deutschen und Polen – und schrieben: Wir «gewähren Vergebung und bitten um Vergebung» (Höllen II, 455). Die deutschen Bischöfe, unter ihnen auch die von Berlin und Meißen, antworteten im Dezember und ergriffen die ausgestreckte Hand. Für den SED-Staat waren beide kirchlichen Äußerungen – die Ostdenkschrift der EKD und der Briefwechsel der katholischen Bischöfe – eine Provokation, und zwar nicht nur, weil die offiziell schon längst geschehene Aussöhnung als noch zu bewältigende Herausforderung dargestellt wurde, sondern auch, weil die Protestanten und Katholiken der DDR deutlich machten, dass sie sich als Teil einer gesamtdeutschen Nation verstanden.

Wie aufmerksam man in den Kirchen die Entwicklung in den Nachbarländern verfolgte, zeigt auch das Jahr 1968. Der Aufbruch, der mit dieser Jahreszahl verbunden ist, hatte im Ostblock andere Formen als im Westen. In der Tschechoslowakei verdichtete er sich im «Prager Frühling», doch die spektakuläre

Politikwende der kommunistischen Reformkräfte wurde nach kurzem Zögern vom sowjetischen Hegemon mit massiver Gewalt abgebrochen. Auch die Nationale Volksarmee der DDR war in Alarmbereitschaft versetzt worden, und kurzzeitig schien es möglich, dass erneut deutsche Truppen in Prag einmarschierten. In der DDR gab es nicht wenige Sympathien für die tschechoslowakischen Reformer und ihren «Sozialismus mit menschlichem Antlitz». Das militärische Eingreifen der Sowjets wurde mit Enttäuschung registriert. Zu den wenigen kritischen öffentlichen Äußerungen gehören vorsichtige, aber unmissverständliche kirchliche Stellungnahmen. Während in der Kirchenprovinz Sachsen und der Evangelisch-Lutherischen Landeskirche Sachsens bischöfliche Stellungnahmen vom Staat behindert und unterdrückt wurden, gelang es der Kirchenleitung der Ev. Kirche in Berlin-Brandenburg (Region Ost) am Sonntag, dem 8. September 1968, ihren Brief an den Ökumenischen Rat der Kirchen in der ČSSR (KJ 95, 1968, 267) in allen Gemeinden des Ostteils der Landeskirche von der Kanzel verlesen zu lassen. Der Brief verwies auf die persönlichen Begegnungen in der Vergangenheit und berichtete vom Mitleiden, das die Christen in der DDR angesichts der militärischen Beantwortung politischer Fragen empfänden. Man wolle im Gebet um Freiheit für die bedrängten Menschen im Nachbarland und um Frieden für die ganze Welt bitten. Für den SED-Staat unterstützte dieser Brief die Konterrevolution und unterlief die Friedensbemühungen der Sowjetunion. Ihn im Gottesdienst öffentlich zu verlesen, war für die SED eine Provokation und zeigte, dass die Kirche weiterhin ein ideologischer und politischer Gegner war.

Das Jahr 1968 brachte auch wichtige Veränderungen mit sich: Die SED fasste die DDR-Verfassung von 1949 neu und tilgte die Reminiszenzen an die bürgerliche Demokratie, zu denen auch die weitgehenden Rechte der Religionsgemeinschaften gehörten. Die neue Verfassung (Gesetzblatt der DDR, Teil I, Nr. 8, 1968, 199–222) machte ohne Umschweife klar, dass die DDR ein von der SED geführter sozialistischer Staat war, und passte die Rechtsvorgaben der längst etablierten Machtwirklichkeit an. Dazu gehörte auch, dass nun die 1949 aus der Weimarer Reichsverfassung übernommenen Regelungen zum Staatskirchenrecht ersatzlos gestrichen wurden. An deren Stelle trat der zweite Satz von Art. 39, der dreierlei zugestand: Es gibt Religionsgemeinschaften, sie sind organisatorisch eigenständig, und sie werden tätig. Was diese drei Punkte genau hießen, war nicht klar. Es war lediglich vorgesehen, dass es Vereinbarungen zwischen einer Religionsgemeinschaft und dem Staat geben konnte. Das einzige belastbare Recht, das eingeräumt wurde, war die «Glaubens- und Gewissensfreiheit», die laut Art. 20,1 für Einzelpersonen galt. Nach Art. 39,1 hatte der Einzelne das Recht, «sich zu einem religiösen Glauben zu bekennen und religiöse Handlungen auszuüben». Was dem Buchstaben des Gesetzes nach als eine erhebliche Veränderung erscheint, war jedoch nur eine Anpassung an die längst geschaffene Wirklichkeit. Die Religionsgemeinschaften verloren 1968 nichts, vielmehr lag nun offen vor Augen, wie prekär ihre Situation in der DDR war: in engen Grenzen geduldet und zugleich von staatlicher Willkür bedroht.

Der Staat nutzte die neue Verfassung, um einen Punkt nun endgültig in seinem Sinne zu klären: die Zugehörigkeit der östlichen Landeskirchen zur EKD. Die SED machte deutlich, dass die Verfassung nur die Religionsgemeinschaften schütze, die sich aus gesamtdeutschen Verbindungen lösten. Während die SED akzeptierte, dass die Berlin-Brandenburgische Landeskirche und die Evangelische Kirche der Union sich stärker in westliche und östliche Verwaltungseinheiten aufteilten, ohne die Einheit preiszugeben, drängte sie die östlichen Gliedkirchen der EKD zum Austritt. Der politische Druck war so groß, dass es 1969 tatsächlich zu diesem Austritt kam. Allerdings setzten die Landeskirchen auf dem Gebiet der DDR gleich eine neue Verbindung an die Stelle der EKD: den Bund der Evangelischen Kirchen in der DDR (BEK). Besonders wichtig war dem BEK der Kontakt zur EKD, der nicht an Intensität verlor und alle Hoffnungen der SED auf eine Schwächung der östlichen Landeskirchen durch die Abspaltung von der EKD konterkarierte.

## Römisch-katholische Kirche: Die ersten Jahre der «Ära Bengsch»

Nicht nur der landeskirchliche Protestantismus, auch die anderen Kirchen taten sich schwer mit der durch den Mauerbau veränderten Situation. Die DDR war nun unausweichlich die Zukunft, und zwar eine Zukunft, die länger dauern würde, als man noch in den fünfziger Jahren gedacht hatte. Man musste sich also auf diese Verhältnisse einlassen und das Beste aus ihnen machen. Von der 1962 gegebenen Loyalitätserklärung einiger Freikirchen war schon die Rede: Ihnen blieb wenig anderes übrig, als sich den Forderungen des SED-Staats zu beugen und Anpassung zuzusagen.

Etwas mehr Spielraum hatte die römisch-katholische Kirche. Für sie fiel der Bau der Mauer im August 1961 zeitlich zusammen mit der Berufung des Berliner Bischofs Julius Döpfner zum Erzbischof von München-Freising. Döpfner war wie sein Vorvorgänger Konrad von Preysing ein entschiedener Gegner des SED-Staats. Das hatte zwar die in der zweiten Hälfte der fünfziger Jahre wieder verschärfte kirchenfeindliche Politik der SED nicht aufgehalten, wohl aber die Abwehrbereitschaft des DDR-Katholizismus gestärkt. Bald stellte sich allerdings die Frage, ob solch ein profilierter Bischof in Ost-Berlin am richtigen Platz war. Die römische Kurie entschied sich dafür, Döpfner eine kirchliche Führungsposition in der Bundesrepublik zu geben und an seiner Stelle einen konzilianter auftretenden Ostdeutschen zum Berliner Bischof zu machen: Alfred Bengsch. Bengschs Amtszeit bis 1979 war von einer Beruhigung im Verhältnis von Staat und katholischer Kirche gekennzeichnet. Sein Antrittsbesuch bei der DDR-Regierung im November 1961 markierte den Beginn dieser Phase: Kirche und Staat sagten zu, trotz der grundsätzlichen Differenzen in Kontakt miteinander zu bleiben und strittige Einzelfragen möglichst einvernehmlich zu klären. Der Verhandlungsspielraum war dabei durch die Vorgaben von Preysing und Döpfner kirchlicherseits eng begrenzt: Die Kontakte zum Staat und zur Partei unterlagen der Kontrolle der Ordinarien, die Ordinarien traten dem Staat gegenüber immer als Einheit auf, und der Staat durfte keinerlei Einfluss auf Recht und Organisation der Kirche nehmen. Nur in Einzelfragen war es möglich, Kompromisse zu schließen und dem Staat entgegenzukommen. Dafür war die Kirche bereit, auf gesellschaftspolitische Stellungnahmen zu verzichten und ihren Anspruch, in die Öffentlichkeit hineinzuwirken, zu beschränken.

Der DDR-Katholizismus wich also der Alternative von Widerstand oder Anpassung aus und setzte auf Rückzug. Bengschs Zurückhaltung gegenüber dem SED-Staat hatte ihre Gründe: Neben dem Interesse, dem Diasporakatholizismus gefährliche Konflikte zu ersparen, ging es auch darum, die Verbindungen in den Westen zu sichern. Für den Berliner Oberhirten hieß das konkret: die Einheit der Diözese, zu der ja auch West-Berlin gehörte, zu bewahren. Es sollte den Katholiken nicht so gehen wie der evangelischen Landeskirche in Berlin-Brandenburg, dass die SED die Leitungsverantwortlichen, die in West-Berlin ihren Dienstsitz hatten oder aus dem Osten kommend dort Dienstgeschäfte verrichteten, aus der DDR aussperrte und so einen Keil in die grenzüberschreitende Kirchengemeinschaft trieb. Bengschs Leitlinie war es, den SED-Staat nicht direkt anzugehen, sondern predigend und lehrend einen geistlichen Kampf zu führen, wie er in einer Stellungnahme zu den Verhandlungen des Zweiten Vatikanischen Konzils bemerkte («[Ecclesia] praedicando et docendo agonem spiritualem [...] perducit»: Höllen II, 327). Im Mittelpunkt der kirchlichen Arbeit sollte darum die pastorale Zuwendung zu den Menschen stehen, die durch die unpolemische, aber eindeutige Abgrenzung nach außen zu sichern war. Das wichtigste Ziel war, den Bestand zu erhalten, und das war vor allem die Aufgabe des Klerus. Die katholischen Laien, die in der Bundesrepublik mit großem Selbstbewusstsein und breiten Aktivitäten das Leben der Kirche entscheidend prägten, hielten sich in der DDR zurück und emanzipierten sich erst nach und nach und nur teilweise von der kirchlichen Hierarchie.

Anstöße für eine Öffnung gegenüber der Welt, wie sie das Zweite Vatikanische Konzil gegeben hatte, wurden im DDR-Katholizismus der sechziger Jahre nicht nur nicht aufgenommen, sondern auch zurückgewiesen: Zu groß war die Gefahr, sich damit der SED auszuliefern, die ja Staat und Gesellschaft umfassend bestimmte. Selbstisolierung schien der einzige mögliche Weg. Der Rückzug auf das kirchliche Milieu und das Bemühen um dessen Sicherung waren durchaus erfolgreich und sollten bis in die achtziger Jahre die Leitlinie kirchlichen Handelns sein. Aber daneben gab es auch andere Entwicklungen, die in der zweiten Hälfte der «Ära Bengsch» während der siebziger Jahre sichtbar wurden.

Ein Ereignis Ende der sechziger Jahre steht symbolisch für die Situation der Kirchen in diesem Jahrzehnt: 1968 wurde die Leipziger Universitätskirche, ein architektonisch wertvolles und gut erhaltenes mittelalterliches Bauwerk, gesprengt, weil es dem sozialistischen Neubau der Leipziger Universität im Wege stand. Diese traditionsvergessene Barbarei schnitt nicht nur den Leipzigern ins Herz, sondern legte auch offen, worum es der SED letztlich ging und womit sie bis zum Ende der sechziger Jahre schon recht weit vorangekommen war: die Liquidierung von Religion. Die Kirchen reagierten auf diesen Angriff mit dem Bemühen, die gegebene Situation zu akzeptieren und sich mit dem SED-Staat zu arrangieren. Das allerdings nicht, weil man sich in das Unvermeidliche fügte, sondern weil man die für das Überleben nötigen Kräfte sammeln und Klarheit über den weiteren Weg gewinnen wollte. Viel von dem, was den kirchlichen Aufbruch der Folgezeit ausmacht, wurde bereits in den sechziger Jahren auf den Weg gebracht.

## 4. Kirchliche Aufbrüche in den siebziger Jahren (1969–1978)

Die siebziger Jahre waren so etwas wie das Goldene Zeitalter der DDR. Mit dem Führungswechsel von Walter Ulbricht zu Erich Honecker kam 1971 eine neue Generation an die Macht, die die verkorksten Anfänge der DDR vergessen machen und Normalität herstellen wollte. Die DDR bemühte sich um internationale Anerkennung, ließ sich etwa auf die neue Ostpolitik der sozialliberalen Bundesregierung ein, erreichte die Aufnahme in die Vereinten Nationen und beteiligte sich an der Konferenz für Sicherheit und Zusammenarbeit in Europa (KSZE). Die Wirtschafts- und Sozialpolitik diente nun verstärkt den Konsumbedürfnissen der Bevölkerung, wodurch allerdings der Staatshaushalt aus dem Gleichgewicht kam und die wirtschaftliche Entwicklung abgebremst wurde. Die Öffnung nach außen und Zuwendung nach innen hatten ihren Preis: Die SED achtete wieder strenger auf die Parteilinie und unterdrückte Widerspruch früher und rigoroser.

Davon waren auch die Kirchen betroffen. Einerseits profitierten sie vom Streben der SED-Führung nach internationaler Anerkennung. Allzu offen konnte die SED ihre kirchenfeindliche Politik nicht betreiben, ja sie musste sich sogar zur Respektierung der Bürgerrechte – und die umfassten auch die Religionsfreiheit – bekennen. Andererseits änderte die SED ihre Einstellung zu Religion und Kirche nicht und setzte allen Lippenbekenntnissen zum Trotz ihre kirchenfeindliche Politik fort. Das zeigt etwa die 1970 erlassene Veranstaltungsverordnung (KJ 98, 1971, 233–236), die zwar Veranstaltungen in Kirchenräumen und unter Leitung von Hauptamtlichen von der Genehmigungspflicht freistellte, aber für alle anderen Veranstaltungen eine volkspolizeiliche Anmeldung forderte. Eine Vielzahl von kirchlichen Veranstaltungen – Rüstzeiten und Freizeiten,

Tagungen und Akademieveranstaltungen, Verkündigungsspiele und moderne Gottesdienste, Kirchenmusik und kulturelle Veranstaltungen oder Treffen unter freiem Himmel – stand unter Genehmigungsvorbehalt. Und es zeigte sich während der siebziger Jahre, dass die Veranstaltungsverordnung restriktiv gehandhabt werden konnte. Diese administrative Diskriminierung, die sich leicht um weitere Beispiele vermehren ließe, war wenig auffällig, aber sehr wirksam.

## Katholische Kirchenreform

Obwohl der SED-Staat die Ideologisierung der Politik und die Repression gegenüber den Kirchen wieder verstärkte, waren die siebziger Jahre ein Jahrzehnt des kirchlichen Aufbruchs, und zwar über das ganze Spektrum der Kirchen hinweg. Dies hängt vor allem mit dem gesellschaftlichen Klima zusammen, das sich in den sechziger Jahren zu verändern begonnen hatte, und zwar im Westen wie im Osten. Dass der kirchliche Aufbruch im vorangegangenen Jahrzehnt wurzelt, sieht man besonders deutlich an der römisch-katholischen Kirche.

Hier gab es mit dem Zweiten Vatikanischen Konzil, das von 1962 bis 1965 im Petersdom getagt hatte, einen starken Erneuerungsimpuls. Das Konzil war selbst Zeichen des sich wandelnden Zeitgeists, und es versuchte den Wandel mitzugestalten und für die Kirche fruchtbar zu machen. Obwohl der DDR-Katholizismus in das Konzil eingebunden war und einige Bischöfe auch persönlich teilnehmen konnten, entfaltete das von Papst Johannes XXIII. propagierte *aggiornamento* des Katholizismus (die Anpassung an die heutigen Verhältnisse) anfangs kaum Wirkung in der DDR. Der DDR-Katholizismus bemühte sich in der Diasporasituation um Distanz zum SED-Staat, und die fortdauernden Spannungen verstärkten das Bestreben, die vorhandenen Strukturen zu bewahren. Erneuerung und Öffnung schienen das katholische Milieu eher zu gefährden, weshalb man das Konzil zwar mit Interesse verfolgte und auch guthieß, bei der Umsetzung der konziliaren Reformen aber Unterschiede machte. Rasch übernommen wurden etwa die Regelungen zur

Feier der Eucharistie in der Volkssprache, skeptisch betrachtet wurde dagegen die Ermunterung zur Öffnung gegenüber der Welt, was in der DDR etwas ganz anderes bedeutete als etwa in der Bundesrepublik.

Einen ersten Versuch, in der DDR das konziliare Reformprogramm zu diskutieren, machte der Bischof von Meißen, der zwischen 1969 und 1971 seine Diözesansynode die Dokumente des Zweiten Vatikanums in diözesanes Kirchenrecht umgießen ließ. Dieser erste Versuch bewirkte aber kaum etwas, vor allem, weil die anderen Diözesen auf eine gemeinsame Pastoralsynode setzten, die von 1973 bis 1975 tagte, aber auch, weil die Ergebnisse der Meißner Diözesansynode umstritten waren. Auf Skepsis stießen die von der Meißner Synode vorangetriebene Öffnung zur Welt und die Stärkung der Mitverantwortung der Laien. Beides widersprach dem Interesse an der Bewahrung der weltdistanzierten Grundhaltung und der hierarchischen Struktur und hätte dem SED-Staat Möglichkeiten eröffnet, auf die Kirche einzuwirken.

Die zwei Jahre nach der Meißner Synode zusammentretende Pastoralsynode umging die umstrittenen Themen und konzentrierte sich auf das, was für die kirchliche Praxis relevant schien. Sie diskutierte fünf Themenkreise: «Glaube heute», «Ehe und Familie», «Gemeinde», «Ökumene» sowie «Beruf und Welt», zu denen neun Synodalvorlagen verabschiedet wurden. Während die Abschlusspapiere kaum Beachtung fanden, ist die Bedeutung der Synode als innerkirchliches Diskussionsforum kaum zu überschätzen. Es zeigte sich, dass die Befürworter einer stärkeren Öffnung der Kirche zur Welt, die auf eine Durchdringung des Sozialismus mit christlichem Engagement abzielten, in der Minderheit waren. Wenn auch die Befürworter weiterreichender Reformen, die etwa im Aktionskreis Halle aktiv waren, am Rande blieben, so bewirkte der vom Konzil ausgehende Reformimpuls doch einen Wandel, zu dessen Folgen auch die Beteiligung der katholischen Basis an der Friedlichen Revolution zählt.

Die untergründigen Veränderungen, die sich in den Diskussionen der Synoden zeigten, reichten noch viel weiter: Seit den siebziger Jahren wurde auch der DDR-Katholizismus von der Modernisierung, Pluralisierung und Individualisierung ergriffen, die das westliche Christentum seit den sechziger Jahren bestimmte. Familienbilder und Geschlechterrollen veränderten sich, das Verhältnis von Amtskirche und Kirchenmitgliedern wandelte sich, und das katholische Milieu franste aus und verlor an Integrationskraft. Diese Veränderungen waren nicht unproblematisch, doch sie machten es möglich, dass sich der DDR-Katholizismus stärker auf die gegebene Situation einließ. So konnte der Erfurter Bischof Joachim Wanke 1981 die Aufgabe der katholischen Kirche in der DDR in ungewohnt offener Weise bestimmen: «Wir wollen [...] hierher gehören, nicht weil wir nicht anders können, sondern weil wir um dieses Landes willen, um seiner Menschen willen einen Weg suchen wollen, um das Evangelium Jesu Christi auf ‹mitteldeutsch› zu buchstabieren» (Höllen III/2, 68).

## Evangelische «Kirche im Sozialismus»

Die Wandlungsprozesse, die den nachkonziliaren Katholizismus erfassten, betrafen auch den Protestantismus und machten sich hier früher und stärker bemerkbar. Der Wertewandel und die mit ihm einhergehende Individualisierung und Pluralisierung begannen das evangelische Christentum zu verändern. Traditionen und Gewohnheiten wurden hinterfragt, die Gottesdienste veränderten sich durch neue Lieder, dialogische Elemente und Beteiligung der Gemeinde. Das Geschlechterverhältnis wurde neu bestimmt und Sexualität anders verstanden und gelebt. Der Wertewandel betraf die gesamte Gesellschaft, und er ließ sich von keinem gesellschaftlichen Akteur aufhalten. Er ging in der DDR allerdings langsamer vor sich als in der Bundesrepublik und war weniger tiefgreifend, aber – und darin zeigt sich, dass es trotz der politischen Teilung des Landes und des ideologischen Antagonismus eine gesamtdeutsche Schicksalsgemeinschaft gab – er veränderte die DDR-Gesellschaft und den ostdeutschen Protestantismus allmählich. Die evangelischen Landeskirchen stellten sich diesen Veränderungen und nutzten sie.

Auch im landeskirchlichen Protestantismus fand der Aufbruch sein Forum auf Synoden. Vor allem die jährlichen Synodaltreffen des 1969 gegründeten Bundes der Evangelischen Kirchen in der DDR gewannen rasch an Bedeutung. Während der DDR-Katholizismus die Öffnung der Kirche zur Welt nicht ganz zu Unrecht als Überforderung betrachtete, sah der landeskirchliche Protestantismus darin die Zukunft der Kirche. Man war auf dem Weg von der Mehrheits- zur Minderheitskirche, und weder die konfliktbereite Selbstbehauptung noch der resignative Rückzug hielten diese Entwicklung auf. Also suchte man nach Alternativen. Die Eisenacher BEK-Synode entschied sich 1971, die gegebene Situation als Herausforderung anzunehmen und die von den «Zehn Artikeln» 1963 formulierte Dialektik von Freiheit und Dienst zugunsten des Dienstes zu verschieben. Im Bericht der Konferenz der Kirchenleitungen (KKL) für die Synode heißt es:

> Eine Zeugnis- und Dienstgemeinschaft von Kirchen in der Deutschen Demokratischen Republik wird ihren Ort genau zu bedenken haben: *In* dieser so geprägten Gesellschaft, nicht *neben* ihr, nicht *gegen* sie. Sie wird die Freiheit ihres Zeugnisses und Dienstes bewahren müssen. Denn sie ist durch ihren Auftrag allein an den gebunden, der als der menschgewordene Wille Gottes zur Rettung seiner Kreatur zu uns kam. Die Botschaft der Kirche wird nicht von dem Menschen und seiner gesellschaftlichen Bindung bestimmt. Aber sie lädt die Menschen ein, sich von dem gekreuzigten Herrn dienen zu lassen und mit ihm den anderen zu dienen. (KJ 98, 1971, 354)

Was es hieß, dass die im BEK zusammengeschlossenen Landeskirchen «nicht Kirchen *neben*, nicht *gegen*, sondern *im* Sozialismus» (KJ 100, 1973, 181) sein wollten, wie es die KKL zwei Jahre darauf in ihrem Synodalbericht formulierte, war nicht wirklich klar und wurde auch in der Folgezeit nicht klarer. Die Formel «Kirche im Sozialismus» war mehrdeutig, und ihre Bedeutung wurde kirchlicherseits bewusst offengehalten. Weder war damit – wie es der SED-Staat erhoffte – ein Bekenntnis zum real existierenden DDR-Sozialismus abgelegt, noch ging es um eine bloße Ortsbestimmung ohne inhaltliche Stellungnahme zum Sozialismus. Vielmehr handelt es sich um eine Erneuerung des traditionellen Selbstverständnisses als «Volkskirche»: Der landeskirchliche Protestantismus zog sich nicht auf sich selbst zurück und nahm die Entwicklung zur randständigen Minderheitskirche hin, sondern beanspruchte auf neue Weise, eine Kirche für das Volk zu sein. Und da die DDR ein sozialistischer Staat war, hieß das, Kirche im Sozialismus zu sein, wenn man Kirche für die breite Bevölkerung sein wollte.

Eine der kirchlich akzeptablen Verständnismöglichkeiten der Formel «Kirche im Sozialismus» skizzierte Heino Falcke, Direktor des Predigerseminars der EKU, 1972 auf der Dresdner BEK-Synode in seinem Referat mit dem Titel «Christus befreit – darum Kirche für andere» (KJ 99, 1972, 242–255). Falcke verband im Titel zwei für den landeskirchlichen Protestantismus zentrale theologische Ideen: die reformatorische Rechtfertigungslehre, die die Befreiung des Menschen durch den Glauben an Christus bezeugt, und Dietrich Bonhoeffers Feststellung, dass die «Kirche [...] nur Kirche [ist], wenn sie für andere da ist», das heißt, wenn sie «an den weltlichen Aufgaben des menschlichen Gemeinschaftslebens teil[nimmt], nicht herrschend, sondern helfend und dienend» (D. Bonhoeffer: Widerstand und Ergebung, DBW Bd. 8, 1998, 560). Falcke unterzog seine eigene Kirche strenger Kritik, weil sie den doppelten Sinn christlicher Freiheit, an Jesus Christus gebunden zu sein und sich hiervon getragen der Welt zuzuwenden, nicht ernst nehme. Was die Zuwendung zur Welt betraf, ging er so weit, aus der christlichen Freiheit eine gesellschaftspolitische Verantwortung der Kirche abzuleiten. Er wies darauf hin, dass es gemeinsame Interessen von Kirche und Sozialismus gebe und dass «sich Christen überall engagieren, wo es gilt, die sozialistische Gesellschaft als gerechtere Form des Zusammenlebens aufzubauen und in ihren Wissenschafts- und Gesellschaftsstrukturen dem Menschen zu dienen» (KJ 99, 1972, 251). Was wie ein Bekenntnis zum Sozialismus klingt, wie es zehn oder zwanzig Jahre zuvor noch undenkbar gewesen war, erweist sich bei näherem Hinsehen als überlegt formulierter Neuansatz im Verhältnis zum SED-Staat. Falcke legte gerade kein Bekenntnis zum Sozialismus ab – obwohl er wie viele andere Kirchenleute, die seit den 1960er Jahren Leitungsverantwortung übernahmen, linke Sympathien hatte –, sondern er sah eine Übereinstimmung von Interessen, die «in der sozialistischen Gesellschaft als gerechterer Form des Zusammenlebens» ihre Verwirklichung fanden. Die Öffnung der Kirche zur sie umgebenden Welt war eine theologische Notwendigkeit, weil die Kirche nur so Kirche für andere sein konnte, sie war aber getragen von der Freiheit im Glauben und konnte damit nicht zur Selbstpreisgabe an die Welt werden. Dass das gerade nicht Falckes Interesse war, zeigt der Komparativ «als gerechtere Form» und der gleich darauf folgende Hinweis auf den «verbesserlichen Sozialismus» (ebd.): Der Sozialismus war vergleichsweise besser als andere Systeme, aber er war nicht das beste aller Systeme, und er ließ sich selbst verbessern.

Die SED registrierte diesen Misston aufmerksam und sorgte dafür, dass Falckes Synodalreferat in der DDR kaum Verbreitung fand. Was der Sozialismus war, und wie man die sozialistische Gesellschaft zu bewerten hatte, das zu bestimmen, war allein Sache der SED. Wenn nun Kirchenleute anfingen, sich dem Sozialismus auf eigene Faust anzunähern, und Mitspracherechte einforderten, war das zu unterbinden. Gerade aber diese Reaktion der Machthaber zeigt, dass der neue Ansatz der evangelischen Landeskirchen, «Kirche im Sozialismus» zu sein, einen Ausweg aus der Sackgasse von Rückzug und Resignation bot. Allerdings war der Weg der «Kirche im Sozialismus», wie Bischof Werner Krusche 1977 bemerkte, ein «schmale[r] Weg zwischen Opposition und Opportunismus, zwischen Auflehnung und Anpassung, zwischen pauschalem Nein und pauschalem Ja» (Kirche im Sozialismus, Nr. 2, April 1978, 24). Fast zwei Jahrzehnte versuchte der landeskirchliche Protestantismus diesen schmalen Weg zu gehen.

Was «Kirche im Sozialismus» konkret hieß, zeigt die Umsetzung dieses Programms in den siebziger Jahren. Der erste Punkt war die *Kirche*: nämlich die bestehenden kirchlichen Strukturen so umzubauen, dass ihr Dienst an der Welt eine feste Grundlage und eine klare Orientierung hatte. Allerdings erwies sich das als schwierig, denn die Beharrungskräfte in den Landeskirchen und den Kirchengemeinden waren stark. Es war wenig mehr möglich als die Fortführung der Erneuerung, die schon im Jahrzehnt zuvor begonnen hatte. So wurden die übergemeindliche Arbeit oder das Ehrenamt weiter gestärkt, das Spektrum der kirchlichen Berufe verbreitert und die Berufsbilder der kirchlichen Mitarbeiter weiterentwickelt. Die Jugendarbeit wurde weiter umstrukturiert, etwa indem die Offene Arbeit gefördert wurde: Sie richtete sich auch an Jugendliche jenseits der Kerngemeinde und orientierte sich an den Interessen der Heranwachsenden. Das religiöse Moment konnte in dieser Arbeit zurücktreten hinter politische Diskussionen, künstlerische Selbsterprobung oder das Ausleben jugendlicher Subkultur.

Auch der 1969 gegründete Kirchenbund (BEK) trug dazu bei, das Profil der «Kirche im Sozialismus» zu schärfen. Dieser organisatorische Zusammenschluss der Landeskirchen der DDR (s. u. S. 122) konnte weit besser als die durch die deutsche Teilung eingeschränkte EKD die innerkirchliche Diskussion stimulieren und kanalisieren und die Kirche nach außen repräsentieren. Synode und Sekretariat des BEK fanden rasch Anerkennung, und der Vorsitzende der KKL galt als der leitende Geistliche des ostdeutschen Protestantismus. Weil der BEK als Kirchenbund nur über wenig institutionelle Macht verfügte, verlegte er sich auf die inhaltliche Arbeit. Besondere Bedeutung bekam die Theologische Studienabteilung, die innerkirchliche Diskussionen initiierte und vorantrieb.

Eine Stärkung des BEK war von Anfang an geplant, ja es wurde sogar über die Möglichkeit einer Bundeskirche für die DDR diskutiert. Als Vorbereitung dafür dienten Gespräche zwischen den Landeskirchen und konfessionellen Bünden, in denen es um die unterschiedlichen konfessionellen Traditionen und die Möglichkeit von deren Verbindung in einer gemeinsamen Kirche ging. Ein erster Schritt dazu war die Vereinbarung von Kanzel- und Abendmahlsgemeinschaft, also dass Geistliche zwischen den unterschiedlichen Landeskirchen wechseln und die Mitglieder der einen in einer anderen Landeskirche zum

Abendmahl gehen durften. Der jahrzehntelange Prozess der Annäherung der lutherischen und unierten Landeskirchen, die weiterhin Wert auf ihre jeweilige konfessionelle Tradition und Eigenart legten, kam hier zu einem vorläufigen Ende. Die gemeinsame Bedrohung von außen beförderte die innerprotestantische Annäherung und trug zur Relativierung der konfessionellen Identitäten bei. Die Umformung des Kirchenbundes zu einer Bundeskirche scheiterte dann allerdings am Selbstbehauptungswillen der Landeskirchen.

Der zweite wichtige Punkt des Aufbruchs war die Selbstverortung «im Sozialismus». Damit waren weniger die Bemühungen gemeint, volksmissionarisch in die Gesellschaft hineinzuwirken und die Schrumpfung der Kirche umzukehren. Das hatte es immer schon gegeben, es war zunehmend schwieriger geworden, und es hatte sich zumeist als erfolglos erwiesen. Was ihren religiösen Kernauftrag anging, musste sich die Kirche damit begnügen, die evangelischen Familien bei der religiösen Sozialisation der Kinder zu unterstützen und ihren interessierten und engagierten Mitgliedern das passende geistliche Angebot zu machen. Über die kleiner werdenden Kreise der eigenen Mitglieder hinaus war der landeskirchliche Protestantismus kaum mehr attraktiv. Es gab aber auch noch eine kirchliche Verantwortung der Gesellschaft gegenüber, und die bekam im ostdeutschen Protestantismus während der siebziger Jahre immer größere Bedeutung: die Welt für alle besser zu machen und Stimme derer zu sein, die man nicht hört.

Bei der Reform von § 218 des Strafgesetzbuchs zeigte sich, dass der SED-Staat die kirchlichen Diskussionsbeiträge nicht willkommen hieß. Der kirchliche Hinweis, dass der Schwangerschaftsabbruch nicht nur ein rechtliches und medizinisches, sondern auch ein ethisches und religiöses Problem sei und dass Staat und Gesellschaft gut daran täten, auch diese Dimensionen mit zu bedenken und das neue Abtreibungsrecht anders zu fassen, blieb unbeachtet. Auch auf anderen politischen Feldern, etwa bei der Jugendförderung oder der Wehrerziehung, wurden kirchliche Diskussionsbeiträge ignoriert. Mittlerweile war der Einfluss der Kirchen so weit geschwunden, dass die SED keine

Rücksicht mehr nehmen musste und auch nichts tat, was diesen geschwächten Gegner wieder gestärkt hätte.

Erfolgreicher war der landeskirchliche Protestantismus mit Initiativen, bei denen er ausländische Partner einbeziehen oder eine internationale Öffentlichkeit ansprechen konnte. So engagierte sich der BEK stark im Ökumenischen Rat der Kirchen (ÖRK), der Dachorganisation der orthodoxen, altorientalischen und reformatorischen Kirchen der Welt. Der ÖRK legte zur Unterstützung des Kampfs gegen die Apartheid in Südafrika ein Antirassismusprogramm auf. Dieses umfasste nicht nur eine weit ausgreifende inhaltliche Arbeit, sondern sollte den Rassismus auch durch die Unterstützung von Protest und Kampf überwinden helfen. Zu diesem Zweck wurden Spenden der Mitgliedskirchen an afrikanische Befreiungsorganisationen weitergeleitet. Dieses Programm stieß auf viel Kritik, zumal in der Bundesrepublik, wo man fragte, ob die Kirche Gewalt finanzieren dürfe. Der BEK dagegen unterstützte das Programm vorbehaltlos und wurde für den ÖRK zu einem bevorzugten Ansprechpartner im Ostblock. Die SED konnte dieses Engagement nur begrüßen und kam nicht umhin, Gemeinsamkeiten in der Frage der Überwindung der Ungleichheiten zwischen Nord und Süd zu registrieren. Dabei transportierte die Unterstützung des Antirassismusprogramms durch den BEK auch eine subtile andere Botschaft: Die Kritik gegen die Unterdrücker im Süden des Globus traf letztlich auch die Unterdrücker im Norden. Wer Menschen- und Bürgerrechte für die Apartheidopfer in Südafrika einforderte, wies auch auf die Verweigerung solcher Rechte andernorts hin.

Dass der BEK es mit der gesellschaftlichen Verantwortung ernst meinte und sich nicht nur bei der SED einschmeicheln wollte, zeigen auch andere Beispiele. Als die Vereinten Nationen mit maßgeblicher Unterstützung durch den Ostblock den Zionismus verurteilten, protestierten die evangelischen Landeskirchen zusammen mit einigen Freikirchen zum Missfallen der SED öffentlich dagegen. Für die SED war die Judenfeindschaft kein Problem des Sozialismus, der Zionismus dagegen aufs engste mit Kapitalismus und Imperialismus verbunden. Der kirchliche Hinweis auf die historische Verantwortung der Deutschen schädigte daher in den Augen der SED das Ansehen der DDR, die sich ja als das «bessere Deutschland» verstand.

Ein anderer wichtiger kirchlicher Arbeitsbereich war ebenfalls Ausdruck der christlichen Mitverantwortung für die Gesellschaft und wurde in den siebziger Jahren darum besonders herausgestellt: die Diakonie. Christliche Krankenhäuser, Altenheime oder Einrichtungen für Behinderte gab es auch in der DDR, und die SED nutzte die kirchliche Bereitschaft, sich hier zu engagieren, gerne aus, um die Menschen, die zum Aufbau des Sozialismus nichts beitragen konnten, weil sie alt, krank oder behindert waren, in christliche Einrichtungen abzuschieben. Wichtig waren auch kirchliche Beratungsstellen, etwa für Suchtgefährdete, die kirchliche Ehe- und Familienberatung, der Besuchsdienst für Eltern mit behinderten Kindern oder die Unterstützungsangebote für Blinde und Gehörlose. Auch die von manchen Kirchengemeinden getragenen Kindergärten gehörten zum diakonischen Angebot. Dank des Engagements der Mitarbeiter, der Unterstützung durch die Kirchen und der Zuwendungen aus dem Westen gab es ein breites diakonisches Angebot, das von der Bevölkerung gerne angenommen wurde.

Das Programm der «Kirche im Sozialismus» erwies sich in vielerlei Hinsicht als erfolgreich. Der landeskirchliche Protestantismus öffnete sich für die Wirklichkeit der DDR und erhob hörbar seine Stimme. Die Verselbständigung gegenüber der EKD und die neue Organisationsstruktur stärkten das Selbstbewusstsein und erhöhten die Sichtbarkeit der ostdeutschen Landeskirchen. Trotz aller fortdauernden kirchenfeindlichen Politik schien auch der SED-Staat die Landeskirchen als Gesprächs- und Verhandlungspartner zu respektieren und machte manches bislang verweigerte Zugeständnis, etwa wenn es um den Neubau von Kirchen ging. Der Erfolg hatte allerdings einen Preis: die Verunklarung der Situation der Kirchen im totalitären Staat. Der landeskirchliche Protestantismus schien sich dem Staatssozialismus anpassen zu wollen, zugleich blieb er aber auch distanziert. Die «Kirche im Sozialismus» war von dieser Spannung gezeichnet, die sich an vielen Stellen bemerkbar machte, etwa im Verhältnis von Kirchenleitungen, die dem SED-

Staat immer wieder entgegenkamen, und kirchlicher Basis, die mehrheitlich Abstand zum SED-Staat halten wollte, oder in der Unausgeglichenheit von Neubestimmung des kirchlichen Selbstverständnisses als weltoffener Minderheitskirche einerseits und Fortdauer der volkskirchlichen Strukturen und Mentalitäten andererseits. An diesen Spannungen laborierte der landeskirchliche Protestantismus bis in die achtziger Jahre hinein. Als er begann, sich von der Formel «Kirche im Sozialismus» zu verabschieden und die damit verbundenen Widersprüche zu klären, nahm die Geschichte einen anderen Lauf und machte die Frage des Verhältnisses zum SED-Staat obsolet.

Mitte der siebziger Jahre wirkte es so, als ob der Konflikt zwischen Staat und landeskirchlichem Protestantismus, der in den fünfziger Jahren noch offen ausgefochten worden war und in den sechziger Jahren weitergeschwelt hatte, ausgestanden wäre. Die Selbstbestimmung als «Kirche im Sozialismus» schien eine Anpassung zu signalisieren, die vom SED-Staat begrüßt und belohnt wurde. Doch die Entspannung war nur oberflächlich. Das zeigte ein verstörendes Ereignis im Sommer 1976. Am 18. August entrollte der evangelische Pfarrer Oskar Brüsewitz vor der Zeitzer Michaeliskirche staatskritische Transparente, übergoss sich mit Benzin und zündete sich an. Die Selbstverbrennung von Brüsewitz erwies den scheinbaren Frieden als von beiden Seiten gern gehegte Selbsttäuschung. Brüsewitz war Pfarrer im Dorf Rippicha in der Nähe von Zeitz. Dort hatte er sich als engagierter und staatskritischer Prediger und Seelsorger einen Namen gemacht, hatte aber mit seinen volksmissionarischen Initiativen wenig Erfolg gehabt. Der SED-Staat schien ihm so übermächtig und die Kirche so schwach, dass er nicht länger auf die Kraft des Wortes und der Tat vertraute, sondern mit einer prophetischen Zeichenhandlung seinem Protest Ausdruck verschaffte. Die Selbstverbrennung als modernes Zeichen des Protestes hatte mit dem Studenten Jan Palach, der sich im Januar 1969 angesichts der Niederschlagung des Prager Frühlings verbrannte, die Staaten des Warschauer Paktes erreicht. Die SED war sofort alarmiert, als sie von den Zeitzer Vorgängen erfuhr. Während Brüsewitz im Krankenhaus erfolglos um sein Leben kämpfte, wurde eine Nachrichtensperre verhängt. Als die Selbstverbrennung im Westen und über die Westmedien auch in der DDR publik wurde, startete die SED eine Verunglimpfungskampagne gegen den Pfarrer. Von der Kirche verlangte sie eine Distanzierung, stieß hier aber auf wenig Entgegenkommen. Vielmehr reagierte die Konferenz der Kirchenleitungen am 11. September 1976 mit einem Brief an die Gemeinden, der zwar Brüsewitz' Handeln nicht guthieß, seine Person aber gegen Verleumdungen in Schutz nahm und darauf hinwies, dass er auf grundlegende Probleme habe aufmerksam machen wollen, die viele Christen in der DDR betrafen. Die Bestürzung über Brüsewitz' Verzweiflungstat war groß, und man wusste, dass es nicht nur um die persönlichen Probleme eines überforderten Geistlichen ging, sondern auch um grundsätzliche Fragen zum Weg der Kirche und zum Verhältnis zum Staat. Für die SED war klar, was diese kirchliche Stellungnahme bedeutete: «Es handelt sich [...] um einen der größten konterrevolutionären Akte gegen die DDR» (Hartweg: SED und Kirche II, 293).

Der 18. August 1976 bedeutete einen Wendepunkt im Verhältnis von SED-Staat und Kirche. Der landeskirchliche Protestantismus begann in der Folgezeit das Konzept «Kirche im Sozialismus» zu hinterfragen, aber nicht, um es zu verabschieden, sondern um es in eine andere Richtung weiterzuentwickeln. Ein schiedlich-friedliches Nebeneinander mit dem SED-Staat konnte es nicht geben, vielmehr forderte die kirchliche Mitverantwortung für die Welt auch die kritische Auseinandersetzung mit dem Staat. Die SED registrierte diese Akzentverschiebung genau und versuchte, die drohende Gefahr zu entschärfen. Der Fall Brüsewitz und seine Schockwellen hatten gezeigt, dass das Christentum nicht ganz so bedeutungslos war, wie man in der SED mittlerweile meinte. Hier war ein Widerständigkeitspotential vorhanden, das Überwachung und Einhegung erforderte. Die SED griff darum zu einem gern genutzten Mittel, nun aber auf allerhöchster Ebene und ganz offiziell einschließlich des Abdrucks der Schlussvereinbarung im Neuen Deutschland: einem Gespräch zum Abgleich der unterschiedlichen Interessen und zur Klärung von Sachfragen.

Am 6. März 1978 traf sich SED-Generalsekretär und Staatsratsvorsitzender Erich Honecker mit den Spitzen des landeskirchlichen Protestantismus. Die Vorbereitungen und der Verlauf des Gesprächs machten klar, dass hier nicht zwei gleichberechtigte Partner miteinander verhandelten: Der Staat lud ein und strukturierte das Gespräch und die Ergebnisse weitgehend vor. Die Kirche durfte ihre Anliegen vorbringen. Der Staat äußerte sich wohlwollend zur kirchlichen Arbeit und sagte eine positive Erledigung der Anliegen zu. Kontroverse Punkte wie die Ideologisierung des Bildungswesens wurden von vornherein ausgeklammert und allenfalls in allgemeineren Ausführungen erwähnt. Von staatlicher Seite wurden das Verhältnis zur Kirche und die Arbeit des BEK positiv gewürdigt und die Fortsetzung der guten Beziehungen versprochen. Zugleich machte der Staat aber auch klar, was er von der Kirche erwartete, nämlich dass sie die Politik der SED und besonders ihre Friedenspolitik guthieß. Wie der Staat, so verband auch die Kirche Zusagen mit Forderungen. Die Selbstbestimmung als «Kirche im Sozialismus» und die Auslegung dieser Formel im Sinne eines positiven Verhältnisses der Kirche und des einzelnen Christen zur DDR ließ sich als Loyalitätserklärung verstehen. Zugleich forderten die Kirchenvertreter, die DDR aus dem christlichen Glauben heraus mitgestalten zu dürfen. Der Staat machte wichtige Zusagen: Unterstützung kirchlicher Bauvorhaben, Zulassung kirchlicher Sendungen im Fernsehen, Zusammenarbeit bei der Vorbereitung des Lutherjahrs 1983, Erleichterung der Gefängnisseelsorge, Einbeziehung kirchlicher Mitarbeiter in die staatliche Sozialversicherung, Erweiterung von Literatur- und Zeitschriftenimporten für kirchliche Zwecke, Förderung kirchlicher Kindergärten, bessere Konditionen für die Bewirtschaftung von kirchlichem Grundbesitz, Unterstützung kirchlicher Friedhöfe und Erleichterung der Seelsorge in Altenheimen.

Auf Betreiben der Kirchenvertreter wurde als Schlusssatz in die veröffentlichte «Gemeinsame Erklärung» der Satz aufgenommen, dass das «Verhältnis von Staat und Kirche [...] so gut» sei, «wie es der einzelne christliche Bürger in seiner gesellschaftlichen Situation vor Ort erfährt» (Hartweg: SED und Kirche II, 341). Dieser Satz zeigt, dass die Kirchenvertreter sich bewusst waren, dass man das Spitzentreffen missverstehen konnte. Trotz der wechselseitigen Freundlichkeiten wollte man die fortbestehenden Spannungen nicht vergessen machen. Tatsächlich traf die Nachricht vom Spitzengespräch in der SED wie in den Landeskirchen auf Erstaunen und Skepsis. Trotz aller mittlerweile eingetretenen Entspannung im Verhältnis von Staat und Kirche erschien ein solch zuvorkommender Umgang miteinander vielen als ungewöhnlich und manchen sogar als verdächtig. An der kirchlichen Basis fragte man sich, ob die Kirchenleitungen vergessen hatten, wie groß die Benachteiligung der Christen immer noch war und wie schwer die fortgesetzte Repression auf der Kirche lastete. Gleich aber wie man den 6. März 1978 bewertet – als erfolgreiche Selbstbehauptung der Kirche gegenüber dem SED-Staat oder als unzulässige Anpassung an ihn –, er war ein kirchengeschichtlicher Einschnitt.

## Freikirchliche Annäherungen an den SED-Staat

Wozu sich die evangelischen Landeskirchen erst in den siebziger Jahren durchrangen, war für eine der evangelischen Freikirchen längst selbstverständlich: sich mit der gegebenen Situation nicht nur abzufinden und den SED-Staat als weltliche Obrigkeit zu akzeptieren, sondern sich auch auf den Staatssozialismus einzulassen und das eigene Selbstverständnis und die kirchliche Arbeit den Anforderungen des Staats anzunähern. Die Freikirche, die diesen Schritt schon während der sechziger Jahre gemacht hatte, war die Herrnhuter Brüdergemeine. Im 18. Jahrhundert von dem charismatischen Erneuerer Nikolaus von Zinzendorf gegründet, hatte die mit dem Pietismus verwandte Freikirche ihr Zentrum in der Oberlausitz, in dem von Zinzendorf gegründeten Städtchen Herrnhut. In der DDR gab es etwa ein Dutzend kleiner Gemeinden, überwiegend im sächsisch-thüringischen Raum, aber auch in einigen größeren Städten, zu denen einige tausend Brüder und Schwestern gehörten. Während der fünfziger Jahre hatten die Herrnhuter wie alle anderen Kirchen unter der sowjetischen Kulturrevolution gelitten und standen vor der Frage, wie sie die immer noch beachtlichen Reste ihrer vormaligen Aktivitäten bewahren konnten: Die Herrnhuter engagierten sich in der Weltmission, sie unterhielten Bildungseinrichtungen und Wirtschaftsbetriebe, und sie waren international orientiert. Im weltweiten Protestantismus waren sie für ihre alljährlich veröffentlichten und in vielen Sprachen verbreiteten *Losungen* bekannt: ein Kalender, der für jeden Tag einen alttestamentlichen Vers enthält, der ausgelost wird (daher «Losung»), einen dazu passenden neutestamentlichen Lehrtext sowie einen Liedvers oder ein Gebet. Die Herrnhuter entschieden sich für eine verstärkte Anpassung an den SED-Staat. Um sich dabei nicht selbst zu verlieren, unterfütterten sie diese Anpassung mit der herrnhutischen Tradition. Das Engagement der Brüdergemeine für die Weltmission, die der SED verdächtig war, wurde zur antikolonialistischen, antirassistischen und völkerverbindenden Internationalität umgedeutet. Weil die weite Welt den Herrnhutern nicht mehr offenstand und die Brüdergemeine ihre Schulen aufgeben musste, verlegte sie sich auf diakonisches Engagement: Die an den Rand gedrängte Freikirche wandte sich anderen Randständigen zu, Alten, Kranken und Behinderten. Bei den Machthabern fanden die Herrnhuter mit dieser Neuorientierung, die selektiv und kreativ auf die eigene Tradition zurückgriff und wie eine Anpassung an den SED-Staat erscheinen konnte, Anklang.

Das Verhältnis der Herrnhuter zum Staat blieb insgesamt entspannt, auch wenn es immer wieder Reibungen und Konflikte gab. Bei der SED registrierte man genau, dass die herrnhutischen Familien sich kaum öffneten, sondern die traditionelle Frömmigkeit weiter pflegten und bewusst Distanz zum SED-Staat hielten. Die Jugendweihe etwa wurde in herrnhutischen Kreisen weithin boykottiert, weil man sie als Gefährdung der religiösen Wurzeln und damit als Infragestellung der eigenen Existenz sah. Bis zum Ende der DDR konnten die Herrnhuter so überleben und die Geschichte des Herrnhutertums um eine neue Facette bereichern.

Auch die anderen Freikirchen bemühten sich um ein gutes

Verhältnis zu den Machthabern. Manche machten sich auch die Formel «Kirche im Sozialismus» zu eigen und verbanden den herkömmlichen Obrigkeitsgehorsam mit einer positiven Würdigung des Wirkungsorts, an dem sie sich vorfanden. Das fand seinen Ausdruck darin, dass man sich nicht nur an Wahlen beteiligte, sondern auch das sozialistische Gesellschaftssystem lobte, die SED-Friedenspolitik bejahte und dem staatlichen Drängen auf Mitarbeit in der Christlichen Friedenskonferenz nachgab. Bei der Zuwendung zur DDR als dem «uns von Gott bestimmte[n] Bewährungsraum für unseren Zeugendienst», wie es der methodistische Bischof Armin Härtel 1972 formulierte (Eine offene Flanke zur Welt, 67), ging es aber weniger um Anpassung als vielmehr darum, in die sozialistische Gesellschaft hineinwirken zu können. Das nutzten etwa die vor allem im sächsisch-thüringischen Raum starken Methodisten, die eine Offene Jugendarbeit anboten und bei Fragen wie dem Wehrkundeunterricht die kirchlichen Vorbehalte dem Staat gegenüber deutlich machten. Auch die im Bund Freier evangelischer Gemeinden organisierten Baptisten setzten in ihrer kirchlichen Arbeit neue Akzente: Seit jeher war die Mission für sie wichtig gewesen, und auch in der DDR verkündigten sie engagiert und kreativ das Evangelium. Dabei wurde neben dem persönlichen Glauben immer stärker auch die christliche Weltverantwortung thematisiert und so das missionarische Zeugnis dem sich verändernden Zeitgeist angenähert.

Bestärkt wurden die Freikirchen, die sich als «Kirche im Sozialismus» verstanden, durch das Staat-Kirche-Gespräch vom 6. März 1978: Die Anerkennung, die der SED-Staat hier dem landeskirchlichen Protestantismus zollte, bezogen sie auch auf sich. Tatsächlich bestimmte der landes- und freikirchliche Protestantismus in den siebziger Jahren sein Verhältnis zum SED-Staat in einer Weise neu, dass die DDR-Führung diese Wendung begrüßte. Allerdings hatte diese Neubestimmung eine Kehrseite, die dem SED-Staat unwillkommen war: das verstärkte kirchliche Engagement in der Gesellschaft. Die Neubestimmung hatte auch eine weitere staatlicherseits kritisch gesehene Folge: das engere Zusammenrücken des landes- und des freikirchlichen Protestantismus. Standen die Herrnhuter seit jeher in einem engen Verhältnis zu den evangelischen Landeskirchen – sie waren sogar assoziiertes Mitglied des BEK –, so verbesserten und intensivierten sich seit den siebziger Jahren die ökumenischen Kontakte zwischen den Landeskirchen und den meisten Freikirchen. Indem sich der landes- und freikirchliche Protestantismus auf die DDR einließ und als «Kirche im Sozialismus» beanspruchte, die Welt, in der er sich vorfand, mitzugestalten, unterlief er die auf Spaltung und Schwächung der Kirchen angelegte SED-Politik und erschloss sich neue Möglichkeiten.

## 5. Von der Friedensbewegung zur Friedlichen Revolution (1978–1990)

### Unterwegs auf ungewohnten Wegen

Die Entspannung im Verhältnis zwischen dem SED-Staat und dem Protestantismus in den siebziger Jahren hatte eine unerwartete Folge: Statt sich als «Kirche im Sozialismus» für das System in Dienst nehmen zu lassen, wurde die Mitverantwortung für das Land, in dem die Christen lebten, in neuer Weise begriffen und umgesetzt. Der Impuls dafür kam nicht nur aus kirchlichen Kreisen, sondern auch von außen. In der zweiten Hälfte der siebziger Jahre gab es immer mehr Menschen, die von aktuellen Fragen bewegt waren, die in den westlichen Ländern von den neuen sozialen Bewegungen aufgegriffen und in den osteuropäischen Ländern zu Kristallisationskernen einer alternativen Öffentlichkeit wurden, die bis in die Kirchen hineinreichte. Drei Themen waren es, die das Interesse auf sich zogen und Menschen in Bewegung brachten: die Menschenrechte, der Friede und die Umwelt.

In der DDR drängten sich diese Themen den Menschen geradezu auf: Kehrseite der Entspannungspolitik mit ihren hehren Bekenntnissen zu Recht und Frieden war eine verstärkte Repression im Inneren. Niemand sollte auf den Gedanken kommen, dass den Worten nun auch Taten folgten, dass etwa die Menschenrechte respektiert und die Abrüstung vorangetrieben würden. Vielmehr kriminalisierte die SED-Führung die rasch wachsende Zahl an Ausreiseantragstellern, die sich auf das Recht auf Freizügigkeit beriefen, und trieb die Militarisierung der Gesellschaft voran, indem etwa 1978 Wehrkunde Schulfach wurde. Die Zeit um 1980 war eine Hochphase der Aufrüstung, und auf beiden Seiten des Eisernen Vorhangs war den Menschen bewusst, dass die militärische Konfrontation der Blöcke und die darauf folgende nukleare Verheerung der Erde eine reale Möglichkeit war. Zudem wurde seit den frühen achtziger Jahren die Umweltverschmutzung immer mehr Menschen bewusst. Gerade in der DDR waren die schlimmen Folgen der Industrialisierung für Mensch und Natur unübersehbar. Auch diese Herausforderung wurde von den Machthabern ignoriert und verleugnet. Wer sich für Umweltschutz engagierte, zog den Verdacht politischer Unzuverlässigkeit auf sich.

In den evangelischen Kirchen, aber auch in der römisch-katholischen Kirche und den Freikirchen begriffen viele den Einsatz für Menschenrechte, Weltfrieden und Umweltschutz als Aufgabe gerade für die Christen in der DDR. Dabei ging es nicht nur um allgemeine Forderungen, sondern auch um ganz konkrete Sorgen und Nöte. So wurde die evangelische Kirche von den Ausreiseantragstellern als Vermittlerin angerufen, weil der Staat sich ihrem Anliegen verschloss und es sonst niemanden gab, der helfen konnte. Wer einen Ausreiseantrag stellte, verlor vielfach seinen Arbeitsplatz und wurde aus der «sozialistischen Menschengemeinschaft» verstoßen. Die Landeskirchen versuchten auszuhelfen, indem sie Arbeitsplätze auf Friedhöfen oder in diakonischen Einrichtungen anboten, den Ausreisewilligen die Möglichkeit zum Austausch gaben und beim Staat Fürsprache für sie einlegten.

Die Kirchen sahen sich auch gefordert, die Menschen in ihrer Angst vor der atomaren Apokalypse beizustehen und ihnen Wege zu zeigen, mit dieser Angst umzugehen. Auf unterschiedlichen Ebenen wurden friedensethische Stellungnahmen formuliert, und es gab eine ganze Reihe bemerkenswerter Friedensaktionen. So wurde seit Anfang der achtziger Jahre die kirchliche Friedensdekade veranstaltet: Für zehn Tage drehte sich das Leben vieler landeskirchlicher und einiger freikirchlicher Gemeinden um das Thema Friede, das religiös und politisch reflektiert und kreativ verarbeitet wurde. Zum Symbol dieser Friedensdekade wurde ein runder Aufnäher mit der Aufschrift «Schwerter zu Pflugscharen». Darunter war in stilisierter Form ein Schmied abgebildet, der ein Schwert zu einem Pflug umschmiedet. Die Darstellung erinnerte an das Denkmal vor dem UN-Hauptgebäude in New York, das die Sowjetunion gestiftet hatte und das einen Vers des Propheten Micha veranschaulichte: «Sie werden ihre Schwerter zu Pflugscharen machen und ihre Spieße zu Sicheln.» (Kap. 4,3) Bei einem Kirchentag in Wittenberg wurde dieses Prophetenwort im September 1983 in die Tat umgesetzt: Auf Betreiben des Schlosskirchenpredigers Friedrich Schorlemmer schmiedete der Kunstschmied Stefan Nau unter freiem Himmel ein Schwert zu einer Pflugschar um. Tausende sahen dabei zu, darunter Richard von Weizsäcker. Die Berichte und Bilder, die über die Westmedien ihren Weg in die DDR fanden, machten deutlich: Für die Friedensfrage gab es eine Antwort des christlichen Glaubens, nämlich Abrüstung statt Aufrüstung, Kooperation statt Konfrontation.

Neben den ökumenisch organisierten Friedensdekaden gab es in den Kirchen noch andere Formen des Friedensengagements, etwa Friedenswerkstätten, zu denen auch Menschen aus dem außerkirchlichen Bereich eingeladen wurden, oder Friedenskreise in den Gemeinden, die mit ihren Diskussionen und Aktionen das Gemeindeleben bereicherten und manchmal auch die Geduld ihrer Mitchristen strapazierten. Dem SED-Staat passte dieses kirchliche Friedensengagement nicht: Die DDR war als sozialistischer Staat seit jeher und immer schon für den Frieden, und die SED wusste besser als sonst jemand, was Friede war und wie man ihn erreichte. Aufrüstung und Militarisierung gebe es nur deshalb, weil der vom Sozialismus herbeigeführte Friede gegen die kriegslüsternen kapitalistischen Mächte verteidigt werden müsse. Wer in der DDR wagte, eigenständig über den Frieden nachzudenken oder gar die Friedenspolitik des Ostblocks zu kritisieren, setzte sich dem Verdacht aus, in den Diensten der Konterrevolution zu stehen und dem Frieden mehr zu schaden als zu nutzen. Der kirchliche Aufnäher «Schwerter zu Pflugscharen», der hunderttausendfach verbreitet worden war und den gerade junge Leute offen trugen, wurde mit großem Misstrauen beäugt und provozierte Konflikte mit den Vertretern des Staates, etwa in der Schule. Kirchenvertreter konnten zwar das Friedensengagement gegen staatliche Versuche der Beeinflussung und Beschränkung verteidigen, aber keine politischen Zugeständnisse der SED erreichen. Weder wurde die bis in die Kindergärten hineinreichende Militarisierung der Gesellschaft zurückgedrängt, noch erreichte man Zugeständnisse für Kriegsdienstverweigerer, etwa die Ermöglichung eines «Sozialen Friedensdiensts».

Auch die offensichtliche Umweltverschmutzung in der DDR nötigte zum Handeln. Neben vielen einzelnen Aktionen zur Bewusstseinsbildung und Verhaltensänderung gab es in den Kirchen, zumal im BEK mit seiner Studienabteilung und seinen Synoden, auch eine grundsätzliche Besinnung auf das Verhältnis von Ökonomie und Ökologie. Die christliche Schöpfungslehre wurde seit den frühen achtziger Jahren als Aufruf zur «Bewahrung der Schöpfung» verstanden, um ein grundsätzliches Umdenken religiös zu untermauern und damit im kirchlichen Raum schon zu beginnen. Das machten sich zahlreiche kirchliche Umweltgruppen zur Aufgabe, die die kirchliche Basis für dieses Thema gewannen und einen Bewusstseinswandel einleiten halfen.

Angesichts der Probleme, die die Menschen umtrieben, wurden auch wieder traditionelle christliche Formen und Sprachelemente bedeutsam. Die gottesdienstliche Feier oder die gemeinsame Fürbitte wurden zum Ort, Sorgen und Nöte auszusprechen und sich Trost und Hoffnung zusprechen zu lassen. Das geschah weniger im sonntäglichen Gemeindegottesdienst als vielmehr in neuartigen Gottesdiensten für bestimmte Zielgruppen. Das bemerkenswerteste Beispiel dafür sind die Blues-Messen des Berliner Pfarrers Rainer Eppelmann, die viele junge Menschen erreichten. Diese neuartigen Gottesdienste für junge Erwachsene waren seit 1979 erst in der Friedrichshainer Samariterkirche, später bis 1986 in der Lichtenberger Erlöserkirche mit ihrem großen Freigelände beheimatet und wurden von vielen ehrenamtlichen Helfern unterstützt. Die in größeren Abständen stattfindenden Blues-Messen zogen oft mehrere tausend Besucher an und konnten an einem Tag bis zu viermal hintereinander gefeiert werden. Die Besucher kamen vor allem wegen der Musik, aber die religiöse Rahmung machte die immer wieder übervollen Blues-Messen zu wirklichen Gottesdiensten, in denen die religiös vielfach unkundigen Besucher eine Ahnung vom Reichtum des Glaubens bekamen. Spielszenen und kurz gehaltene Denkanstöße verbanden die Alltagserlebnisse und die Fragen und Sorgen Heranwachsender mit biblischen Texten. Jede Blues-Messe hatte ein Thema, das aus unterschiedlichen Perspektiven in den Blick genommen und auf die Lebenssituation der Besucher bezogen wurde: Partnerschaft, Arbeitsalltag oder Kriegsdienst.

Ähnliche Gottesdienste für junge Menschen, die Musik mit Gebeten, Lesungen und Spielszenen verbanden, gab es auch in anderen Kirchengemeinden. Sie waren aber nicht so anziehungskräftig wie die Blues-Messen, die unter genauer Beobachtung des Staats standen und auf Drängen der Behörden immer wieder entschärft werden mussten. Viele Künstler, denen öffentliche Auftritte verwehrt wurden, fanden dank solcher unkonventioneller Gottesdienste Gelegenheit, ihr Können in Kirchengebäuden zu präsentieren – und nutzten diese Gelegenheit für kritische Anmerkungen zur Situation in der DDR. Auch andere kirchliche Veranstaltungen bekamen plötzlich eine neue Dimension. So wurde im Laufe der achtziger Jahre auf landeskirchlichen Synoden und bei regionalen Kirchentagen immer grundsätzlicher über das Verhältnis von Kirche und Staat diskutiert, und in der Endphase der DDR waren die BEK-Synoden Orte offener Systemkritik.

Das kirchliche Engagement für Menschenrechte, Frieden und Umweltschutz schuf auch neue Verbindungen. Rainer Eppelmann etwa erregte nicht nur mit seinen Blues-Messen Aufsehen, sondern auch durch seine Zusammenarbeit mit dem SED-Dissidenten Robert Havemann. Der Alt-Kommunist und der Jugendpfarrer fassten Vertrauen zueinander und veröffentlichten 1982 einen Appell zur Friedenspolitik, der den Rüstungswettlauf kritisierte und auch den Ostblock für die Abrüstung in die Pflicht nahm. Für die SED war das nicht nur in der Sache falsch, sondern es erschien wegen der Zusammenarbeit eines prominenten Dissidenten mit einem bekannten Pfarrer auch als höchst gefährlich. Nachdem Eppelmann in kirchlichen Kreisen um Unterstützung des Appells geworben hatte, wurde er während einer Konfirmandenfreizeit festgenommen. Das MfS verdächtigte ihn der Zusammenarbeit mit westlichen Geheimdiensten, ihm drohte eine lange Haft. Nach internationalen Protesten kam er zwar wieder frei, galt nun aber mehr noch als zuvor als Staatsfeind und wurde immer stärker überwacht und bedrängt.

Ein ähnlicher Brückenschlag zwischen nichtkirchlichen und kirchlichen Kreisen zeigte sich im September 1987, als beim Olof-Palme-Friedensmarsch Christen und Nichtchristen einträchtig für ein atomwaffenfreies Mitteleuropa eintraten und bei ihren Friedensmärschen von Stadt zu Stadt und Dorf zu Dorf auch von Geistlichen in Empfang genommen und begleitet wurden. Was sich beim Friedensmarsch einmalig kurz zeigte, war an der kirchlichen Basis schon länger im Gange: die Verflechtung kirchlicher Gruppen und Aktivitäten mit außerkirchlichen Gruppen und Aktivitäten. In der Offenen Jugendarbeit etwa wurden die Grenzen zunehmend fließend. Nichtkirchliche Initiativen konnten ihre Aktivitäten während der achtziger Jahre auch deshalb ausweiten, weil sie kirchliche Räume und Ressourcen nutzten. Aus dieser Verflechtung entstanden in der zweiten Hälfte der achtziger Jahre auch neue Gruppierungen wie die Kirche von Unten oder der Arbeitskreis Solidarische Kirche, die den landeskirchlichen Protestantismus von innen verändern und weiter für die oppositionelle Bewegung öffnen wollten.

Auch zwischen den Kirchen wurde in den achtziger Jahren die Zusammenarbeit verstärkt. Das geschah vor allem in Form des Konziliaren Prozesses. Der Plan einer weltweiten ökumenischen Versammlung, die 1990 tagen sollte, führte dazu, dass seit Mitte der achtziger Jahre der landeskirchliche Protestantismus und der römische Katholizismus zusammen mit den meisten Freikirchen in einem breiten Diskussionsprozess die drei Hauptthemen Gerechtigkeit, Frieden und Bewahrung der Schöpfung diskutierten und 1988/89 in drei großen Plenarversammlungen die Ergebnisse ihrer mehrjährigen Vorbereitungen in einer Reihe von Beschlussdokumenten zusammenfassten. Diese Vorbereitungen vertieften die Kontakte zwischen den Kirchen und schufen ein Bewusstsein für die gemeinsame Verantwortung der Christen für die Welt. Je länger diese Diskussionen dauerten, desto besser ließ sich in ihnen wie in einem Spiegel die desolate Lage des Landes erkennen. Die tausendfach eingesandten Stellungnahmen und Anregungen von kirchlichen Basisgruppen und Einzelpersonen zeigten, welche Sorgen die DDR-Bevölkerung umtrieben und wie sie ihr Land sahen. Beim Abschlussplenum der Ökumenischen Versammlung wurde im April 1989 diagnostiziert, dass der «in der DDR existierende Sozialismus einer Umgestaltung» bedürfe, und es wurde «mehr Gerechtigkeit in der DDR» eingefordert (Höllen III/2, 245). Die Versammlung machte deutlich, dass die SED-Herrschaft nicht einfach weiterbestehen konnte, sondern dass es Veränderungen im Großen wie im Kleinen geben müsse.

Die SED fühlte sich nicht nur durch die abschließenden Stellungnahmen herausgefordert, sondern auch durch den Erarbeitungsprozess: Es wirkten viele Kirchen zusammen, und es beteiligten sich die kirchliche Basis und die zahlreichen Gruppen, so dass der SED-Staat kaum über die verständigungsbereiten Kirchenleitungen Einfluss nehmen und unterschiedliche Beteiligte gegeneinander ausspielen konnte. Dem Staat wurde die Kontrolle über die sich im kirchlichen Raum vollziehende Entwicklung auch dadurch erschwert, dass in der zweiten Hälfte der achtziger Jahre innerhalb der einzelnen Kirchen immer offener über die Mitverantwortung der Christen für die Zukunft des Landes diskutiert wurde. Diese Diskussionen waren zumeist weit entfernt von politischer Opposition, aber sie waren kaum mehr zu überblicken, und ihre Dynamik war kaum noch abzubremsen. Diese verstärkte Kommunikation innerhalb der Kirchen und zwischen ihnen stärkten das Selbstbewusstsein der Christen und eröffneten neue Perspektiven. Mit gutem Grund stand etwa 1987 das erste und einzige Katholikentreffen, das in der DDR stattfand, unter dem Motto «Gottes Macht – unsere Hoffnung». Was das hieß, formulierte der Berliner Bischof Joachim Meisner in seiner Abschlusspredigt vor zehntausenden Besuchern mit Blick auf den roten Stern des Sozialismus so: «Die Kirche, die Christen in unserem Land möchten ihre Begabung und Fähigkeit in unsere Gesellschaft einbringen, ohne dabei einem anderen Stern folgen zu sollen als dem von Bethlehem» (Höllen III/2, 178). Meisner sprach sich in seiner Predigt nicht nur für einen engagierten «christlichen Weltdienst» (ebd.) aus und verabschiedete damit die jahrzehntelang geübte gesellschaftspolitische Abstinenz seiner Kirche, sondern plädierte auch für eine engere Zusammenarbeit der Christen in der DDR über die Konfessionsgrenzen hinweg.

Die neuartigen Aktionen, Formen und Kooperationen, die sich im kirchlichen Raum, vor allem im landeskirchlichen Protestantismus, seit Ende der siebziger Jahre entwickelten, ermöglichten den Brückenschlag zu der sich bildenden alternativen Öffentlichkeit. Diese war lange noch randständig, formlos und zersplittert. Dass sie bis in die Kirchen hineinreichte, beförderte aber ihre Entwicklung und erhöhte ihre Reichweite. So wurden die Kirchen etwa von denen in Anspruch genommen, die von der SED ausgegrenzt und mundtot gemacht wurden. Das waren bei weitem nicht nur Intellektuelle und Künstler oder die sich in den achtziger Jahren formierenden Basisgruppen, sondern auch normale DDR-Bürger.

Die Kirche sah sich aber auch vor Probleme gestellt. Je mehr sie zur Plattform der alternativen Öffentlichkeit und damit zum Schutzraum für die sich formierende Opposition wurde, desto stärker wurde die Kritik von allen Seiten: Aus Sicht der Machthaber stellte die Kirche das Machtmonopol der SED infrage, aus der Sicht der Gruppen beschränkte die Kirche die alternative Öffentlichkeit allzu sehr und bremste die Opposition aus, und aus der Sicht eines Teils der kirchlichen Basis verfehlte die Kirche mit diesem Engagement ihre religiöse Aufgabe und exponierte sich ungehörig. Die Leitungsverantwortlichen in den Landeskirchen und den Kirchengemeinden sahen sich mit vielen Forderungen konfrontiert und mussten immer wieder abwägen, was den unterschiedlichen Beteiligten zumutbar war und wo Grenzen überschritten wurden, die man besser respektierte. Rücksichtnahme war vor allem mit Blick auf die Machthaber angebracht. Obwohl das kirchliche Engagement für die Welt nicht mehr um die machtpolitisch entscheidenden Fragen kreiste, die in den fünfziger Jahren so viel Aufmerksamkeit auf sich gezogen hatten – nämlich die Systemfrage und die Deutschlandfrage –, waren die Menschenrechts-, die Friedens- und die Umweltfrage gefährlich für die SED. Hier bestand ein Risiko, selbst wenn die Partei der Kirche zugutehalten konnte, dass ihr Engagement für diese Themen als Ventil für verbreiteten Unmut diente und dem Staat besseren Zugriff auf die Gruppenaktivitäten gewährte. Die Vorsicht der Kirchenleitungen im Umgang mit den Gruppen ist also nachvollziehbar. Mancher Verantwortliche versuchte sogar, das Engagement an der Basis auszubremsen und umzulenken, sei es aus übergroßer Sorge, sei es aus Unentschiedenheit, sei es aus Vorbehalten gegenüber den Gruppen, sei es aus Loyalität zum SED-Staat.

In mancher Hinsicht war das Verhältnis zwischen SED-Staat und landeskirchlichem Protestantismus in den achtziger Jahren aber auch entspannt. Das groß gefeierte Lutherjubiläum 1983 etwa schien Eintracht zu demonstrieren: Man hatte sich miteinander arrangiert und respektierte einander sogar. Dass die SED sich gegenüber den seit dem Ende der siebziger Jahre verstärkten und inhaltlich neu profilierten Kirchenaktivitäten so duldsam zeigte, schien die Entspannung zu bestätigen. Zwar kritisierten die SED-Vertreter immer wieder politische Grenzüberschreitungen, drohten Gegenmaßnahmen an und setzten die kirchlichen Leitungsverantwortlichen unter Druck, aber sie griffen nicht durch. Das hatte auch damit zu tun, dass man in der SED die alternative Öffentlichkeit und den in ihr gegenwärtigen Widerspruchsgeist für wenig gefährlich hielt: Es handelte sich um Einzelpersonen und kleine Gruppen, die untereinander wenig vernetzt waren und kein gemeinsames Programm hatten. Hier drohte dem SED-Staat machtpolitisch keine Gefahr, ja es war besser, diesen Unmut in einem abseitigen Winkel der DDR-Gesellschaft laut werden zu lassen und dort unter Kontrolle zu halten. Dass die evangelische Kirche dem Protest Raum bot, war dabei hilfreich, weil so dessen Überwachung und Beeinflussung erleichtert wurden und man mit dem vorauseilenden Gehorsam der Kirchenverantwortlichen rechnen durfte.

Es gab allerdings auch Punkte, an denen der SED-Staat seine Zurückhaltung aufgab und gegen die Bewegung im kirchlichen Raum vorging. Die Repression wurde stärker, als dank Michail

Gorbatschows Reformpolitik in der Sowjetunion sich auch in der DDR eine Opposition bemerkbar machte und die Kirche Ende der achtziger Jahre immer offener die SED kritisierte. 1987 etwa stürmte das MfS das Gemeindehaus der Ost-Berliner Zionskirchengemeinde, in deren Kellerräumen eine kirchennahe Umweltgruppe die Umweltbibliothek eingerichtet hatte. Die Umweltbibliothek war einer der wichtigsten Knotenpunkte des oppositionellen Netzwerks in Ost-Berlin. Hier wurde neben den «Nur für den innerkirchlichen Dienstgebrauch» bestimmten und darum vom Staat geduldeten «Umweltblättern» auch die illegale Oppositionszeitung «Grenzfall» gedruckt. Das MfS wollte in einem nächtlichen Zugriff die Redaktion des «Grenzfalls» verhaften und die Umweltbibliothek wegen ihrer Unterstützung der Opposition schließen. Als das Kommando aber in der Nacht vom 24. auf den 25. November 1987 in das Zionsgemeindehaus eindrang, traf sie nur auf die Verantwortlichen für die «Umweltblätter» und konnte keine ausreichenden Beweise für oppositionelle Aktivitäten sichern. Gegen diesen Übergriff des Staats auf kirchliche Räume erhob sich gleich Protest von Seiten der Kirche und der Oppositionsgruppen, der dank der Westmedien auch die Ostdeutschen erreichte. Der Vorfall zeigte, dass zwischen Staat und Kirche nur oberflächlich Friede herrschte, und er machte deutlich, dass es eine wachsende Opposition gegen den SED-Staat gab, die solidarisch zusammenstand und sich auf Unterstützung aus dem kirchlichen Raum verlassen konnte. Im November 1987 erstmals erprobte Protestformen wie Mahnwachen auf Kirchengelände oder Protestzüge mit Kerzen von einem Kirchengebäude zum anderen sollten keine zwei Jahre später noch eine Rolle spielen.

### Die finale Konfrontation mit dem SED-Staat

Die Friedliche Revolution im Herbst 1989 war keine «protestantische Revolution», wie man gelegentlich hört. Allerdings war sie mit dem landeskirchlichen Protestantismus eng verbunden. Doch auch in der römisch-katholischen Kirche und in den Freikirchen fand der Protest Rückhalt und Unterstützung.

Sosehr die Friedliche Revolution vom kirchlichen Aufbruch seit den siebziger Jahren profitierte, so wenig war dieser Aufbruch ursächlich für sie. *Dass* es zu ihr kam, beruhte auf anderen Entwicklungen, aber *wie* sie sich vollzog, hängt mit dem Engagement der ostdeutschen Christen zusammen.

Möglich wurde die Friedliche Revolution durch die Zuspitzung der Blockkonfrontation in den achtziger Jahren. Beim verzweifelten Bemühen, militärisch mit der NATO Schritt zu halten, verzettelte sich die Sowjetunion in unlösbare Konflikte und beanspruchte ihre wirtschaftlichen Ressourcen im Übermaß. Die Folge war eine wachsende Unzufriedenheit der Bevölkerung im Ostblock, die nun auch vermehrt Freiheitsrechte einzufordern begann. Die Proteste der polnischen Gewerkschaft Solidarność machten deutlich, dass es ein gefährliches Unruhepotential gab, auf das die Sowjetführung mit gewaltsamer Unterdrückung reagierte. Der Druck von außen und innen wurde so groß, dass die Sowjetführung 1985 den Weg für einen Reformer freimachte, der mit einer neuen Politik die Sowjetmacht und ihr Imperium sichern sollte: Michail Gorbatschow. Die von ihm angestoßenen Reformen konnten den Zerfall der Sowjetmacht aber nicht aufhalten. Das war der SED-Spitze von Anfang an klar. Sie hatte es verinnerlicht, dass der Sozialismus sich nur mit Gewalt gegen die Bedrohung von außen und die Kritik von innen halten ließ, und betrachtete Gorbatschows Reformpolitik darum mit Missfallen. Als Gorbatschow auch die Breschnew-Doktrin preisgab, also die Maßgabe, dass die Sowjetunion militärisch gegen abtrünnige Ostblockstaaten vorgeht, wusste man in Ost-Berlin, dass die Existenz der DDR auf dem Spiel stand. Denn es war letztlich die sowjetische Militärmacht, die die SED-Herrschaft sicherte. Die SED setzte dagegen in der zweiten Hälfte der achtziger Jahre auf Reformverweigerung und verstärkte Repression. Sie wollte das vierzigjährige Republikjubiläum im Herbst 1989 als das siegreiche Beharren der von allen Seiten angegriffenen sozialistischen Revolution feiern. Und tatsächlich gelang es ihr bis in das Jubiläumsjahr hinein, die Lage unter Kontrolle zu halten.

1989 aber wurde nicht das Jubeljahr der sozialistischen

Umwälzung, sondern das Jahr der Friedlichen Revolution gegen den Staatssozialismus. Der erste wichtige Schritt auf dem Weg zur Friedlichen Revolution waren die Proteste gegen die gefälschten Kommunalwahlen im Mai 1989. Erstmals hatten Oppositionsgruppen die Wahl beobachtet und Manipulationen öffentlich gemacht. Es bestätigte sich, was seit jeher vermutet worden war: Die Wahlen, die in der DDR regelmäßig stattfanden, wurden nicht nur bei der Bestimmung der Kandidaten der Einheitsliste, sondern auch bei allen darauffolgenden Schritten von der SED in ihrem Sinne gelenkt. Um die Ergebnisse passend zu machen, wurden die Zahlen der Auszählung verfälscht. Weniger als eine nahezu hundertprozentige Wahlbeteiligung und Zustimmung zur Einheitsliste durfte es nicht geben – also gab es sie nicht. Eine flächendeckende Präsenz von Beobachtern in den Wahllokalen war ohne die Mitarbeit von kirchlich Engagierten nicht möglich. Auf unterschiedlichen Ebenen hatte es zuvor kirchliche Stellungnahmen gegeben, die eine freie und geheime Wahl einforderten. Zusammen mit der Bekanntmachung der Manipulationen protestierten Kirchenvertreter gegen die Verfälschungen und forderten Neuwahlen. Es gab sogar spontane Protestaktionen, die von Kirchengebäuden ausgingen, von der Staatsmacht aber unterbunden wurden.

Eines der Kirchengebäude, in denen sich politischer Protest formierte, war die Leipziger Nikolaikirche. Hier gab es jeden Montag Friedensgebete, die eigentlich mit Blick auf die Bedrohung des Weltfriedens eingeführt worden waren, 1988/89 aber für andere Zwecke in Anspruch genommen wurden. Eine Gruppe fiel besonders auf: die Ausreiseantragsteller. Wer – oft nach langem Leiden an den Verhältnissen in der DDR und mit großer Trauer im Herzen – einen Ausreiseantrag gestellt hatte, wurde für den SED-Staat vom einen auf den anderen Tag zur Unperson. Veranstaltungen wie die Leipziger Friedensgebete boten den Ausreiseantragstellern, die zum größten Teil keine Kirchenmitglieder waren und wenig mit Religion anfangen konnten, die Möglichkeit, sich in einem geschützten Raum zu versammeln und ihre Forderungen vorzutragen. Viele Kirchenleute sahen dies mit Skepsis, veränderte sich dadurch doch der

Charakter der kirchlichen Veranstaltungen und schienen die begrenzten Ressourcen der Kirche im Übermaß von dieser einen Gruppe in Anspruch genommen zu werden. Im Sommer und Frühherbst 1989 wurden aber eben diese Kreise von Ausreiseantragstellern zu einer der Keimzellen der revolutionären Proteste – und damit die Kirchen zu Sammel- und Ausgangspunkten der Opposition.

Als im Frühsommer 1989 Nachrichten über die Proteste auf dem Platz des Himmlischen Friedens in Peking die Runde machten, stellte die SED-Führung klar, dass sie die Niederschlagung der Proteste guthieß und in der DDR nicht anders verfahren würde. Protest und Opposition hatten ihren Preis, und mancher in der Kirche wollte lieber den erreichten Ausgleich mit dem SED-Staat bewahren, als sich auf eine unsichere Zukunft einlassen. So wurde im Sommer 1989 bei der Wiedereinweihung des Greifswalder Doms noch einmal die staatlich-kirchliche Eintracht gefeiert – allerdings zum Missfallen weiter landeskirchlicher Kreise. Auch wenn es gewagt schien, sich gegen die SED zu stellen, so waren doch immer mehr Menschen bereit, dieses Risiko einzugehen. Den Schritt ins Offene wagte der landeskirchliche Protestantismus im September 1989: In einem Brief der Konferenz der Kirchenleitungen an die Staatsführung und auf der BEK-Synode wurden politische Veränderungen gefordert und die Parteidiktatur infrage gestellt. Die SED bewertete das nicht als Weckruf, sondern als konterrevolutionären Angriff – offensichtlich war man sich in der Parteiführung mittlerweile nicht mehr im Klaren über die Stimmung im Land. Die kirchlichen Vorstöße dagegen nahmen diese Stimmung auf und gaben dem Protest eine Stimme.

Ab dem September 1989 war die Kirche im Übrigen nicht mehr die einzige Stimme. Einige oppositionelle Zirkel wagten es, sich zu politischen Parteien zu wandeln und so das Machtmonopol der SED offen infrage zu stellen. In den neuen Parteien – dem Neuen Forum, der Bürgerrechtsbewegung Demokratie Jetzt, dem Demokratischen Aufbruch oder der Sozialdemokratischen Partei in der DDR – engagierten sich gerade auch der Kirche verbundene Menschen, und diese Parteien nutzten für einige Zeit kirchliche Räume, weil ihnen die Öffentlichkeit ansonsten versperrt war.

Die revolutionäre Dynamik wurde aber weder von kirchlichen Gremien entfesselt noch von Oppositionsgruppen, die sich zu politischen Parteien erklärten, sondern entstand auf der Straße. Dabei spielten kirchliche Veranstaltungen wie Friedensgebete oder Mahnwachen eine Rolle, indem sie zu Kristallisationskernen der revolutionären Volksbewegung wurden. In Leipzig gab es seit dem September 1989 großen Zulauf zu den montäglichen Friedensgebeten in der Nikolaikirche. Die wurden angesichts der neuen Möglichkeiten zur Ausreise nun nicht mehr von diesem Thema dominiert, sondern boten Raum, grundlegende Veränderungen einzufordern. Dabei waren die Friedensgebete selbst unpolitisch – indem sie aber die Menschen versammelten und ihnen eine Perspektive eröffneten, die über die unerträglich gewordenen Verhältnisse hinauswies, wurden sie zum Katalysator der revolutionären Bewegung. Als der Staat gegen die Leipziger Friedensgebete vorging, solidarisierten sich andernorts Christen, etwa in Form einer Mahnwache an der Ost-Berliner Gethsemanekirche, die zu einem Sammelpunkt der Proteste in Berlin wurde. In vielen anderen Kirchen gab es Andachten und Gebete, zu denen sich Menschen versammelten, Schutz vor den Sicherheitskräften fanden und Informationen austauschten. Die Kirchen versuchten, bei den jetzt im ganzen Land aufflackernden und sich ausbreitenden Protesten zu vermitteln. Die SED-Führung duldete wegen des bevorstehenden Jubiläums keine Widersetzlichkeit. Um harte Gegenmaßnahmen abzumildern oder zu vermeiden, versuchten Geistliche, mäßigend auf die Protestierenden und die Sicherheitskräfte einzuwirken, und konnten tatsächlich manche kritische Situation entschärfen. Aber letztlich entzog sich die Protestbewegung allen Beeinflussungsversuchen und entfaltete ihre eigene Dynamik.

Den Durchbruch markierte der 9. Oktober 1989: Ausgehend von vier Leipziger Kirchen formierte sich am Abend dieses denkwürdigen Tages auf dem Leipziger Innenstadtring ein Demonstrationszug von etwa 70 000 Protestierenden, denen die Sicherheitsorgane machtlos gegenüberstanden und die mit ihrer schieren Masse das Ende der SED-Herrschaft ankündigten. Ähnliche Großdemonstrationen gab es zur selben Zeit auch in anderen Städten, mancherorts – etwa im vogtländischen Plauen – sogar noch vorher. Entscheidend für den Erfolg dieser Demonstrationen und der ganzen Revolution war, dass die Proteste friedlich waren und friedlich blieben. Es war keine politische Programmatik und keine revolutionäre Gewalt, die die Kraft dieser Bewegung ausmachten, sondern das einfache Faktum, dass hier die überwältigende Mehrheit der Bevölkerung mit der SED brach und einen demokratischen Neuanfang einforderte. Wenn es überhaupt ein Programm der Revolution gab, dann den einfachen Satz: *Wir sind das Volk*.

Die SED wusste sich angesichts der Protestwelle nicht anders zu helfen, als den Kontakt zu den Kirchen zu suchen, um so Einfluss auf die Protestbewegung zu nehmen. Den ganzen Sommer und Herbst 1989 über wandten sich staatliche Stellen an Kirchenvertreter, weil sie in ihnen Vermittler sahen. Allerdings wandten sie sich an die falsche Adresse, denn die massenhafte Infragestellung der SED-Macht lag nicht mehr im Einflussbereich der Kirchen. Die kirchlichen Repräsentanten reagierten distanziert auf die taktisch motivierte Gesprächsbereitschaft der SED, verweigerten sich aber auch nicht. Wie schnell sich die Lage änderte, zeigt das kurzfristig für den 19. Oktober 1989 angesetzte Spitzengespräch zwischen der Staatsführung und den Vertretern der evangelischen Landeskirchen: Die Kirchenleute kamen nicht mit Erich Honecker zusammen, der zu dem Treffen eingeladen hatte, sondern saßen seinem am Vortag überstürzt ins Amt gekommenen Nachfolger Egon Krenz gegenüber. In ihrem verzweifelten Bemühen, die zerrinnende Macht festzuhalten, ging die SED sogar auf bisher ignorierte kirchliche Forderungen ein, wollte plötzlich das Bildungssystem entideologisieren und einen nichtmilitärischen Wehrersatzdienst einführen. Die offen vorgebrachten kirchlichen Forderungen nach Reisefreiheit, Rechtsstaatlichkeit und Demokratisierung und die mageren staatlichen Zusagen waren für die weitere Entwicklung allerdings bedeutungslos.

Anfang November lockerte die SED die Reisebeschränkungen und verursachte damit ungewollt die Grenzöffnung am 9. November, so dass sich das Problem der Ausreiseantragsteller, das die Kirchen seit mehr als einem Jahrzehnt bedrängt hatte, schlagartig löste. Am 15. November wurde das Leitbild der kommunistischen Erziehung aufgegeben und damit die von den Kirchen seit den fünfziger Jahren geforderte Entideologisierung des Bildungswesens angekündigt. Die Kirchen waren sogar zur Mitarbeit an einer Bildungsreform eingeladen. Am 20. November wurde ein Zivildienst geschaffen, wie ihn die Kirchen seit den sechziger Jahren gefordert hatten. Doch das alles konnte den rapiden Zerfall der SED-Herrschaft nicht aufhalten. Die Zeit ging hinweg über den mehr als vierzig Jahre dauernden Konflikt zwischen SED und Kirche.

Die Zukunft des Landes lag jetzt nicht länger in den Händen der SED, sondern im Winter 1989/90 formierten sich neue Kräfte und Koalitionen. Dieser Zukunft galt nun das Interesse der Kirchen. Eine wichtige Rolle beim Übergang spielten die «Runden Tische», die sich vielerorts bildeten, um Regierung und Verwaltung zu kontrollieren und den Übergang zu gestalten. Kirchlich engagierte Laien und Pfarrer brachten dank der im kirchlichen Raum bewahrten demokratischen und rechtlichen Gepflogenheiten die Erfahrungen mit, die nötig waren, um diese Übergangsgremien arbeitsfähig zu machen. Auch in der im März 1990 erstmals frei gewählten Volkskammer und der neuen Regierung waren sie präsent und halfen, die Transformation zu bewältigen. Dabei waren es nicht so sehr die Pfarrer und Theologen, die zwar einige wichtige Ämter bekleideten – wie Richard Schröder als SPD-Fraktionsvorsitzender oder Rainer Eppelmann als Verteidigungsminister –, aber gar nicht so zahlreich waren, wie es den Eindruck macht, denen dieses Verdienst zukommt, sondern die vielen kirchlich engagierten Parlamentarier und Regierungsmitglieder, zum Beispiel Reinhard Höppner als Vizepräsident der Volkskammer oder Hans Joachim Meyer als Bildungsminister.

Die erste und einzige demokratisch legitimierte Regierung der DDR war weit mehr als eine Zwischenetappe auf dem Weg zur Wiedervereinigung. In den Monaten zwischen der Volkskammerwahl im März und der Wiedervereinigung im Oktober machte sie aus der Parteidiktatur der SED ein respektables Gemeinwesen. Dazu gehörte, dass die Kirchen als gesellschaftliche Akteure aufgewertet und mit ihren Anliegen und Vorschlägen ernst genommen wurden. Zur neuerworbenen Freiheit gehörte auch die Religionsfreiheit, die – wie es der deutschen Verfassungstradition entsprach – die Kooperation des Staats mit den Kirchen verlangte. In der Kürze der Zeit ließ sich diese Kooperation nicht umfassend etablieren, allerdings gab es Einzelmaßnahmen, an denen sich der neue Umgang miteinander ablesen ließ. So wurde der lange schon von den Kirchen geforderte Zivildienst als Alternative zum Wehrdienst gesetzlich verankert und zum echten Alternativangebot aufgewertet, oder es wurden von der SED abgeschaffte kirchliche Feiertage wieder eingeführt.

Dass die Entwicklung des Jahrs 1990 rasch und unausweichlich auf die Wiedervereinigung zulief, wurde nicht von allen in der DDR gutgeheißen. Gerade auch in den Kirchen gab es viele Fragen und manche Vorbehalte. Viele Protestanten hatten sich auf die DDR eingelassen und sich für ihre Veränderung engagiert und dafür auch die Verbindungen zu den westlichen Schwesterkirchen gelockert. Sie taten sich nun schwer mit einer schnellen Vereinigung. Die Fragen der staatlichen und der kirchlichen Wiedervereinigung verschlangen sich ineinander, und die Diskussion verlief ungeordnet und ergebnislos. Es zeigte sich bald, dass die Befürworter eines vorläufigen Festhaltens an der Zweistaatlichkeit und an der Eigenständigkeit des ostdeutschen Protestantismus auf verlorenem Posten standen. Es konnte nur darum gehen, die Erfahrungen der Christen in der DDR für die Zukunft des gesamtdeutschen Protestantismus fruchtbar zu machen, und vielleicht einige der dort weithin noch intakten volkskirchlichen Strukturen mit Hilfe dieser Erfahrungen umzugestalten. Die römischen Katholiken dagegen, die sich bis zuletzt in der doppelten Diaspora dem Protestantismus und dem SED-Staat gegenüber befunden hatten, verabschiedeten sich zumeist leichten Herzens von der DDR-Vergangenheit.

Auffällig an der Entwicklung während des Jahrs 1990 ist, wie rasch die Kirchen als Akteure der Transformation zurücktraten. Sprachen sie bis zum Herbst 1989 stellvertretend für die sprachlos gemachten Menschen, die mit dem System haderten, und hatten sie im Herbst 1989 als Unterstützerinnen der Friedlichen Revolution große Bedeutung, so wurden sie mit dem Erfolg der Revolution frei, einfach wieder Kirche zu sein. Was das heißen konnte, zeigt eine Episode aus den ersten Monaten des Jahrs 1990: Erich Honecker war im Oktober 1989 von seinen eigenen Genossen gestürzt und im Dezember aus der SED ausgeschlossen worden. Beim Versuch, die SED-Herrschaft zu sichern, wälzten die neuen Führungsleute alle Verantwortung für die Fehler der Vergangenheit auf ihre Vorgänger ab. Honecker sah sich mit einer Kampagne konfrontiert, es wurde ein Ermittlungsverfahren gegen ihn eingeleitet, und er verlor seine Unterkunft im Prominentenwohnviertel von Wandlitz. Nach einer Krebsoperation Anfang Januar 1990 wurde er festgenommen, aber wegen seines Gesundheitszustands wieder auf freien Fuß gesetzt. Um eine ruhige und sichere Unterkunft zu finden, wandte sich Honecker an die Evangelische Kirche in Berlin-Brandenburg, die anfangs zögerlich reagierte, ihn dann aber an den Leiter der Diakonischen Anstalten im nordöstlich von Berlin gelegenen Lobetal, Pfarrer Uwe Holmer, verwies. Von Ende Januar bis Anfang April 1990 wohnte das Ehepaar Honecker im Anstaltspfarrhaus und saß mit am Esstisch, wo das Tischgebet gesprochen wurde. Gegen alles Kopfschütteln und alle Anfeindungen verteidigte der Pfarrer dieses Kirchenasyl als selbstverständliche Tat christlicher Nächstenliebe.

### Kirchliche Wiedervereinigung

Die kirchliche Einheit ließ sich nicht ganz so schnell verwirklichen wie die staatliche. Vergleichsweise einfach stellte sich die Wiederherstellung der kirchlichen Einheit für den römischen Katholizismus dar: Die römisch-katholische Kirche auf dem Gebiet der ehemaligen DDR wurde rasch in die Strukturen des westdeutschen Katholizismus eingegliedert, und die Jurisdiktionsbezirke Görlitz, Erfurt-Meiningen und Magdeburg wurden nun zu vollgültigen Bistümern. Nur der Jurisdiktionsbezirk Schwerin wurde an eine westliche Diözese angegliedert, nämlich an das neugeschaffene Erzbistum Hamburg. Während sich die Wiedereingliederung in die westdeutschen Strukturen schon 1990 vollzog, dauerte die Bildung der Diözesen allerdings einige Zeit. Da sich der DDR-Katholizismus immer als Teil der Weltkirche verstanden und enge Beziehungen in die Bundesrepublik unterhalten hatte, gab es kaum Vorbehalte gegenüber der westlichen Wirklichkeit von katholischer Kirche. Vielmehr empfand man es weithin als Stärkung der eigenen Position, Teil einer breit in der Bevölkerung verwurzelten und politisch gut vernetzten Religionsgemeinschaft zu sein. Ähnlich problemlos ging die organisatorische Neuordnung auch in den meisten Freikirchen und Sondergemeinschaften vor sich, von denen einige die kirchliche Wiedervereinigung schon vor der staatlichen vollzogen.

Der landeskirchliche Protestantismus stand vor größeren Problemen, hatten sich die östlichen Landeskirchen doch von der EKD getrennt und gab es Vorbehalte gegenüber dem westdeutschen Protestantismus. Die volkskirchliche Situation in vielen Regionen der Bundesrepublik, die Verflechtungen von Staat und Kirche und der materielle Überfluss wirkten anfangs befremdlich. Mancher hatte den Eindruck, dass der christliche Glaube im Westen weniger ein persönliches Bekenntnis als vielmehr eine soziale Konvention war. Was die kirchliche Wiedervereinigung anging, ließen sich die kirchlichen Leitungsverantwortlichen von Vorbehalten nicht irritieren und verständigten sich darauf, die Mitgliedschaft der östlichen Landeskirchen in der EKD seit 1969 als ruhend zu betrachten: Eigentlich seien sie gar nicht ausgetreten, könnten also einfach ihre Mitgliedschaft reaktivieren. Das bot den Vorteil, die Wiedereingliederung in die westdeutschen Strukturen schnell zu vollziehen, ohne dass sich für die westdeutschen Landeskirchen etwas grundlegend änderte. Um denen, die die kirchliche Wiedervereinigung kritisch sahen, entgegenzukommen, gab es einige symbolische Zugeständnisse, etwa bei der Militärseelsorge, die in den ostdeutschen Ländern nicht von Militärgeistlichen, sondern von

Geistlichen im kirchlichen Dienst übernommen wurde. Auch bei der Frage der Rückkehr zum schulischen Religionsunterricht gab es Differenzen zwischen den westdeutschen und den ostdeutschen Landeskirchen, zu denen noch die unterschiedlichen Auffassungen unter den Landespolitikern kamen. Die ostdeutschen Bundesländer nutzten den vom Grundgesetz eröffneten Gestaltungsspielraum und organisierten den schulischen Religionsunterricht unterschiedlich. In einigen Ländern wurde er zum ordentlichen Lehrfach, in anderen war er nur ein alternatives oder ein zusätzliches Angebot. Weil nur eine Minderheit der Schüler an ihm teilnahm, wurde er vielfach nicht als selbstverständlicher Teil des Schulalltags betrachtet. Anfangs wurde dies in den östlichen Landeskirchen gar nicht immer als ein Problem erkannt, sondern als Chance wahrgenommen, die von der Kirche verantwortete Christenlehre weiterzuführen. Es erwies sich allerdings, dass der schulische Religionsunterricht, wie er in den meisten westlichen Bundesländern üblich war, eine größere Reichweite hatte und besser elementares religiöses Wissen und Verstehen vermitteln konnte. Die Diskussionen über Militärseelsorge und Religionsunterricht zeigten, dass sich der ost- und der westdeutsche Protestantismus auseinanderentwickelt hatten. Das wurde als Problem durchaus wahrgenommen, nicht aber gelöst.

Alle Kirchen machten die Erfahrung, dass sich die Organisationsstrukturen leicht wieder verbinden ließen, dass aber eine Distanz blieb, die in unterschiedlichen Erfahrungen und Mentalitäten gründete. Die wechselseitige Entfremdung ging – nicht anders als in der Gesamtgesellschaft – tiefer, als es anfangs den Anschein gehabt hatte. Die überwältigende Freiheitserfahrung der ostdeutschen Christen wirkte nach, und manche kirchliche Eigenart, die sich in vierzig Jahren Staatssozialismus herausgebildet hatte, schien erhaltenswert. Nicht alles von dem, was die ostdeutschen Christen als Erbe bewahren wollten, erwies sich allerdings als relevant für die neuen Verhältnisse. Das Hinnehmen und Bejahen der Minderheitssituation, das Gemeinschaftsbewusstsein und die Pflege persönlicher Beziehungen in kirchlichen Kreisen, der kreative Umgang mit den materiellen

Beschränkungen, das Abstandhalten zum Staat, der Einsatz für die Besserung der Verhältnisse oder die Solidarität mit den Unterdrückten der Welt – das hatte das christliche Leben in den besonderen Verhältnissen in der DDR geprägt. Es war aber nicht ohne weiteres auf die neuen Verhältnisse übertragbar. Das Christentum in der «alten» Bundesrepublik war im Übrigen vielfältiger, als viele ostdeutsche Christen vermuteten, und manches von dem, was als Eigenart des Ostens galt, fand sich hier ebenfalls.

Die Wiederherstellung der kirchlichen Einheit wurde bald schon von der Aufarbeitung der Vergangenheit überschattet. Seit jeher hatte man in der Bundesrepublik die Entwicklung in der DDR aufmerksam verfolgt. Nach der Wiedervereinigung gab es weiterhin ein reges journalistisches und wissenschaftliches Interesse an der DDR-Geschichte. Obwohl die Kirchen noch einige Zeit vom Nimbus der oppositionellen Kraft zehren konnten, sahen sie sich bald mit kritischen Fragen zu ihrer Verstrickung in die SED-Herrschaft konfrontiert. Rasch wurde bekannt, dass Kirchenvertreter Kontakte zum Machtapparat unterhalten hatten und sich von ihm hatten instrumentalisieren lassen. Besonders die Verstrickungen von Kirchenleuten in die Tätigkeit des Ministeriums für Staatssicherheit (MfS) sorgten für Aufsehen.

Ein prominenter Fall war Manfred Stolpe. Der Kirchenjurist hatte von den sechziger bis zu den achtziger Jahren eine steile Karriere im kirchlichen Dienst gemacht und war einer der wichtigsten Köpfe des landeskirchlichen Protestantismus der DDR. Zu seinen Aufgaben gehörte es, Kontakt zu den staatlichen Stellen zu halten. Nachdrücklich setzte er sich für kirchliche Interessen ein und schuf bei seinen Gesprächspartnern Verständnis für die Möglichkeiten und Grenzen kirchlichen Handelns. DDR-Bürger, die Probleme mit dem Staat hatten, fanden in ihm einen engagierten Fürsprecher bei staatlichen Stellen. Stolpe vermittelte so geschickt zwischen Kirche und Staat, dass beide Seiten ihn schätzten. Das MfS führte ihn seit den siebziger Jahren als Inoffiziellen Mitarbeiter (IM) und gab ihm den Decknamen «Sekretär». Tatsächlich trat Stolpe immer wieder mit dem

MfS in Kontakt, und zwar auch ohne dienstliche Beauftragung und ohne Wissen und Zustimmung seiner kirchlichen Vorgesetzten. Er gab Informationen weiter und erweckte den Eindruck, sich im Raum der Kirche für die Interessen des Staats einzusetzen. Stolpe hielt seine inoffiziellen Kontakte für notwendig und nützlich für die Kirche, und das MfS kam ihm auch immer wieder entgegen, um im Gegenzug Einfluss auf die Kirche nehmen zu können. Bald nachdem Stolpe im Jahr 1990 Ministerpräsident von Brandenburg geworden war, flammte die Diskussion über seine Kontakte zum SED-Staat auf. War Stolpe ein Mann der Kirche oder ein IM des MfS? Kirche, Staat und Wissenschaft untersuchten Stolpes Kontakte zum MfS gründlich und kamen mehrheitlich zu der Einschätzung, dass Stolpe im Interesse der Kirche gehandelt, dabei aber immer wieder Grenzen überschritten habe. Es erwies sich aber auch, dass das Problem von Stolpes Stasi-Verstrickungen juristisch und moralisch nicht eindeutig zu klären war. Was für Stolpe gilt, bestätigte sich ähnlich bei vielen anderen Verdachtsfällen.

Die Aufarbeitung der kirchlichen Stasi-Kontakte durch die Kirchen selbst, durch staatliche Organe und durch die Wissenschaft zeigte, dass das tatsächliche Ausmaß dieser Kontakte und erst recht die Intensität der Beeinflussung der Kirchen durch den SED-Staat viel geringer war, als die mediale Skandalisierung vermuten ließ. Je mehr Akten erforscht wurden, umso deutlicher wurde, wie verwickelt das Verhältnis von Staat und Kirche in der SBZ und der DDR gewesen war und dass es sorgfältiger Untersuchung und genauer Abwägung bedurfte, um das Verhalten der Kirchen gegenüber dem SED-Staat zu verstehen und zu bewerten. Bald schon war klar, dass es zwar viele einzelne Helden- und Schurkengeschichten gab, dass aber die Geschichte der Kirchen in der DDR im Ganzen weder eine Helden- noch eine Schurkengeschichte war.

Um diese Geschichten aufzuklären, war man auf die Akten des SED-Staats angewiesen, zumal die Akten des MfS, die Anfang der neunziger Jahre in aller Eile zugänglich gemacht wurden. Die Kirchen verfuhren unterschiedlich mit den dadurch gegebenen Möglichkeiten zur Überprüfung ihrer Mitarbeiter. Das

Spektrum reicht von der Überprüfung einzelner Verdachtsfälle bis zur Regelüberprüfung aller Mitglieder von Leitungsgremien und sogar aller Geistlichen. Die Gesamtzahl der Personen, die sich in für die Kirchen nicht hinnehmbarer Weise mit dem SED-Staat eingelassen hatten, etwa als Inoffizielle Mitarbeiter des MfS oder als von außen eingeschleuste Offiziere im besonderen Einsatz (OibE), war gering. Dementsprechend gab es nur wenige Disziplinarverfahren oder Entlassungen. Allerdings zeigte sich, dass Einzelne große Schuld auf sich geladen hatten und dass es Fälle gab, die kein eindeutiges Urteil zuließen.

## Warum die Kirchen den Kommunismus überlebt haben

Die Totalitarismen des 20. Jahrhunderts waren im Kern religionskritisch und kirchenfeindlich. Je länger sie Bestand hatten und je tiefer sie die Gesellschaften umwälzten, desto mehr schwächten sie die Kirchen. Auch die SED verfolgte das Ziel einer Verdrängung von Religion und Kirche aus ihrem Herrschaftsbereich. Obwohl sie dabei auf den hinhaltenden Widerstand der Kirchen – vor allem der evangelischen Landeskirchen – stieß, näherte sie sich diesem Ziel an. Das heutige Ostdeutschland ist eine der am stärksten säkularisierten Regionen Europas. Doch das Christentum ist immer noch präsent, und die Christen haben in der Endphase der DDR die Friedliche Revolution mitgetragen und mitgestaltet. Wie gelang es dem Christentum, die Parteidiktatur der SED zu überstehen und zu ihrer Überwindung beizutragen?

Es gelang, weil viele Christen bejahten, was der zweite der 1963 von den evangelischen Landeskirchen veröffentlichten «Zehn Artikel über Freiheit und Dienst der Kirche» (s. o. S. 59 f.) feststellt:

> Gott will den neuen Menschen, der nach ihm geschaffen ist. Darum hat er uns in Christus mit sich versöhnt. Er hat die durch den Abfall verlorene Würde des Menschen erneuert und unserem Leben Sinn und Erfüllung gegeben. Darum mahnt er uns, von gottlosen Bindungen zu lassen, die Macht der Versöhnung mit unserem eigenen Leben zu bezeugen und unseren Mitmenschen in allen Bereichen des Lebens zu dienen.

Der Dienst des durch den Christusglauben erneuerten Menschen erfordere,

> in den jeweiligen gesellschaftlichen Verhältnissen zu prüfen, was Gott von uns will, und [...] das nach seinem Willen Gute zu tun. [...] In der Freiheit unseres Glaubens dürfen wir nicht von vornherein darauf verzichten, in der sozialistischen Gesellschaftsordnung zu unterscheiden zwischen dem gebotenen Dienst an der Erhaltung des Lebens und der gebotenen Verweigerung der atheistischen Bindung.

Und diese Verweigerung wurde auch ausdrücklich formuliert:

> Wir handeln im Ungehorsam, wenn wir im Gottesdienst Gott als den Herrn unseres Lebens bekennen, uns aber im täglichen Leben dem Absolutheitsanspruch einer Ideologie unterwerfen und uns der allumfassenden Geltung von Gottes erstem Gebot entziehen.

Damit war – im Sinne des ersten Gebotes: «Ich bin der Herr, dein Gott. Du sollst nicht andere Götter haben neben mir» (2 Mose 20,2 f.) – die Grenze markiert, bis zu der Christen sich auf den SED-Staat einlassen konnten. Diese Grenze blieb vielen Christen bewusst und beeinflusste bei nicht wenigen auch das Handeln.

Man kann es mit Rückgriff auf die oben in der Einleitung vorgenommene Unterscheidung auch so formulieren: Politischer Totalitätsanspruch und religiöser Ganzheitsanspruch sind nicht miteinander vereinbar. Denn der christliche Glaube hat seinen geistigen Referenzpunkt außerhalb des totalitären Systems, er verbindet die Glaubenden zur Kirche als einer alternativen Gemeinschaft und wird im alltäglichen Leben der Glaubenden als besondere soziale Praxis anschaulich. Das galt auch für die Christen in der DDR: Auch hier verband der christliche Glaube Menschen zu einer Gemeinschaft, die sich dem staatlichen Anspruch, «einzige und totale Ordnung menschlichen Lebens» (s. o. S. 11) zu sein, entzog. Der Glaube beeinflusste ihre Mentalität und ihr Verhalten in einer Weise, die den Vorgaben der «sozialistischen Menschengemeinschaft» zuwiderlief. Die institutionalisierte Religion stand für eine Alternative, die der umfassenden Durchdringung der Gesellschaft durch den SED-Staat Grenzen setzte. Es war gerade der durch die kirchenfeindliche SED-Politik aufgebaute Druck, der diese Alternative stark machte: Die Kirche bot einen Raum der Freiheit, in dem aufgrund eines anderen Menschenbilds gehandelt wurde, in dem man die Konformitätserwartungen der DDR-Gesellschaft unterlaufen konnte und in dem man eine andere Sprache kennenlernen und seine eigene Stimme entwickeln und laut werden lassen durfte.

Diese Alternative hatte in den unterschiedlichen christlichen Kirchen nicht dieselbe Gestalt und auch nicht dasselbe Widerständigkeitspotential. Es hing von der Mitgliederzahl, dem Selbstverständnis und den handelnden Personen ab, wie sie zur Geltung kam. Aber überall da, wo Christen sich mit ihrer Kirche identifizierten und ihren Glauben im Alltag der Welt lebten, überstanden die Kirchen die SED-Herrschaft und konnten am Ende auch zu ihrer Überwindung beitragen.

# Zeittafel

| | | |
|---|---|---|
| 1945 | 31.8. | Konferenz von Treysa: Vorläufige Ordnung der EKD |
| | 29.9. | Begründung der Kirchlichen Ostkonferenz für die evangelischen Landeskirchen in der SBZ |
| | 19.10. | Stuttgarter Schulderklärung der EKD |
| 1946 | 22.4. | SBZ: Vereinigung von KPD und SPD zur SED |
| 1948 | 10.3. | Gründung der Arbeitsgemeinschaft christlicher Kirchen in Deutschland (ACK) |
| 1949 | 23.5. | Gründung der Bundesrepublik Deutschland |
| | 7.10. | Gründung der Deutschen Demokratischen Republik |
| 1950 | 8.2. | Gründung des Ministeriums für Staatssicherheit |
| | 12.7. | päpstliche Genehmigung der Berliner Ordinarienkonferenz |
| | 4.9. | Verbot der Zeugen Jehovas in der DDR |
| 1951 | 11.–15.7. | Deutscher Evangelischer Kirchentag in Berlin: «Wir sind doch Brüder» |
| 1952 | 9.–12.7. | SED: «planmäßiger Aufbau des Sozialismus» |
| 1953 | Frühjahr/ Frühsommer | staatliches Vorgehen gegen die Kirchen, insbesondere die Jugendarbeit |
| | 2.–4.6. | Sowjetführung verordnet «neuen Kurs» für die DDR |
| | 10.6. | Spitzengespräch zwischen Staat und evangelischen Landeskirchen: Ende der Verfolgung |
| | 17.6. | gewaltsame Niederschlagung des Volksaufstands |
| 1954 | 14.3. | SED: «Die Politik der Partei in Kirchenfragen» |
| | 7.–11.7. | letzter gesamtdeutscher Deutscher Evangelischer Kirchentag in Leipzig: «Seid fröhlich in Hoffnung» |
| | 24.11. | Einrichtung der Abteilung (später: Arbeitsgruppe) für Kirchenfragen beim ZK der SED |
| | 14.11. | Jugendweihe-Aufruf |
| 1955 | | Einbindung der Bundesrepublik und der DDR in das westliche bzw. östliche Bündnissystem |

| | | |
|---|---|---|
| 1957 | 8.3. | Einrichtung der Dienststelle des Staatssekretärs für Kirchenfragen bei der DDR-Regierung |
| 1958 | 17.5. | DDR-Regierung bricht die Verbindungen zur EKD ab |
| | Juni/Juli | Spitzengespräch zwischen der DDR-Regierung und den evangelischen Landeskirchen (21.7.: Kommuniqué) |
| 1959 | 13.2. | EKU: Handreichung «Das Evangelium und das christliche Leben in der DDR» |
| | 18.6. | EKiBB: Notverordnung über regionale Synoden |
| 1961 | 13.8. | vollständige Schließung der innerdeutschen Grenze |
| | 31.8. | Einreiseverbot für den Vertreter des Berlin-Brandenburgischen Bischofs für den DDR-Teil der Landeskirche, Präses Kurt Scharf |
| | 2.11. | Antrittsbesuch von Bischof Bengsch bei der DDR-Regierung |
| 1962 | 19.2. | Loyalitätserklärung der Vereinigung Evangelischer Freikirchen gegenüber dem SED-Staat |
| | 11.10. | Beginn des Zweiten Vatikanischen Konzils |
| 1963 | 8.3. | Konferenz der Kirchenleitungen: «Zehn Artikel über Freiheit und Dienst der Kirche» |
| 1964 | 7.9. | Ermöglichung des Militärdiensts ohne Waffe («Bausoldaten») |
| 1965 | 10.10. | EKD: Ostdenkschrift «Die Lage der Vertriebenen und das Verhältnis des deutschen Volkes zu seinen östlichen Nachbarn» |
| 1968 | 9.4. | Inkrafttreten der neuen DDR-Verfassung |
| | 30.5. | Sprengung der Leipziger Universitätskirche |
| | Aug./Sept. | kirchliche Kritik an der Niederschlagung des Prager Frühlings |
| 1969 | 10.6. | nach dem erzwungenen Austritt der östlichen Gliedkirchen aus der EKD Gründung des Bundes der Evangelischen Kirchen in der DDR (BEK) |
| | 13.9. | Einberufung der Diözesansynode im Bistum Meißen |
| 1970 | 9.4. | Konstituierung der Arbeitsgemeinschaften christlicher Kirchen in der DDR |
| | 26.–29.6. | BEK-Synode in Potsdam: BEK als «Zeugnis- und Dienstgemeinschaft von Kirchen in der sozialistischen Gesellschaft der DDR» |

| | | |
|---|---|---|
| 1971 | 3.5. | Erich Honecker löst Walter Ulbricht als 1. Sekretär des ZK der SED ab |
| | 2.–6.6. | BEK-Synode in Eisenach: BEK als Kirche in der sozialistischen Gesellschaft, nicht neben ihr, nicht gegen sie |
| 1972 | 30.6.–4.7. | BEK-Synode in Dresden: Heino Falckes Referat «Christus befreit – darum Kirche für andere» |
| | 21.12. | Grundlagenvertrag zwischen der Bundesrepublik und der DDR |
| 1973 | 18.9. | DDR wird Mitglied der Vereinten Nationen |
| | 22.3. | Beginn der Pastoralsynode der römisch-katholischen Kirche in der DDR |
| 1975 | 30.7.–1.8. | DDR unterzeichnet KSZE-Schlussakte |
| | 27.11. | Erklärung der evangelischen Landes- und einiger Freikirchen gegen die von der DDR unterstützte Verurteilung des Zionismus als Rassismus durch die UN |
| 1976 | 10.4. | Errichtung der Berliner Bischofskonferenz für die römisch-katholische Kirche in der DDR |
| | 18.8. | Selbstverbrennung von Pfarrer Oskar Brüsewitz |
| 1978 | 6.3. | Spitzengespräch zwischen Staat und BEK |
| | Mai/Juni | kirchliche Proteste gegen die Einführung des Wehrkundeunterrichts als schulisches Pflichtfach |
| 1979 | 1.6. | erste Blues-Messe in Ost-Berlin |
| 1980 | 17.9. | Gründung der Gewerkschaft Solidarność in Polen |
| | 9.–19.11. | erste kirchliche Friedensdekade |
| 1981 | 8.–18.11. | zweite kirchliche Friedensdekade; staatliches Vorgehen gegen den Aufnäher «Schwerter zu Pflugscharen» |
| 1982 | 25.1. | Rainer Eppelmann, Robert Havemann: Berliner Appell |
| 1983 | | staatlich-kirchliche Zusammenarbeit beim Lutherjubiläum |
| 1985 | 11.3. | Michail Gorbatschow wird Generalsekretär der KPdSU |
| 1987 | 10.–12.7. | Katholikentreffen in Dresden |
| | 1.–18.9. | Olof-Palme-Friedensmarsch |
| | 24./25.11. | MfS-Aktion gegen die Ost-Berliner Umweltbibliothek |
| 1988 | 12.–15.2./ 8.–11.10. | 1./2. Tagung der Ökumenischen Versammlung in Dresden und Magdeburg |
| | 16.–20.9. | BEK-Synode in Dessau: offene Kritik an den Verhältnissen in der DDR |
| 1989 | 26.–30.4. | 3. Tagung der Ökumenischen Versammlung in Dresden |

| | | |
|---|---|---|
| | Mai/Juni | kirchliche Proteste gegen die Fälschung der Kommunalwahlen |
| | Aug./Sept. | anschwellende Fluchtbewegung aus der DDR über die ČSSR und Ungarn |
| | 4.9. | Wiederbeginn der Montagsgebete in Leipzig nach der Sommerpause |
| | Sept. | wachsende Beteiligung an den Leipziger Montagsgebeten und den anschließenden Demonstrationen |
| | Sept.–Nov. | in der ganzen DDR werden die Kirchenräume und kirchliche Veranstaltungen zu Sammelpunkten der Opposition |
| | Sept./Okt. | Gründung von Parteien und Bürgerrechtsgruppen unter Beteiligung von kirchlichen Mitarbeitern und Kirchenmitgliedern |
| | 15.–19.9. | BEK-Synode in Eisenach: Forderung demokratischer Reformen |
| | 5.–7.10. | Jubiläumsfeierlichkeiten zum vierzigjährigen Bestehen der DDR |
| | 7.–9.10. | Beginn der Massendemonstrationen gegen die SED |
| | 19.10. | Spitzengespräch zwischen DDR-Führung und BEK |
| | 9.11. | Mauerfall |
| | seit Dez. | Runde Tische auf kirchliche Einladung und unter kirchlichem Vorsitz |
| 1990 | 17.1. | EKD/BEK: Loccumer Erklärung zum Zusammenwachsen der beiden deutschen Staaten und zur Wiederherstellung der kirchlichen Einheit |
| | 18.3. | Volkskammerwahl |
| | 20.9. | Aufnahme der Berliner Bischofskonferenz in die Deutsche Bischofskonferenz |
| | 3.10. | Wiedervereinigung Deutschlands |
| 1991 | 27.6. | EKD: Wiederherstellung der kirchlichen Einheit |

## Mitgliederzahlen der Kirchen in der DDR

Bei den unten angegebenen Zahlen handelt es sich zumeist um Schätzungen, die auf einer unsicheren Datengrundlage beruhen und nur der ungefähren Orientierung dienen können. Nur die mit Sternchen markierten Zahlen basieren auf staatlichen Volkszählungen. Für die Schätzungen ist man auf die Angaben der Kirchen, die in der Regel zu hoch angesetzt sind, und auf nach 1990 vorgenommene Umfragen angewiesen. Alle Zahlenangaben sind gerundet. Zu berücksichtigen ist, dass nicht alle, die ihre Mitgliedschaft formell beendeten, das als Trennung von der Religionsgemeinschaft verstanden, und umgekehrt viele eine Religionsgemeinschaft verlassen zu haben meinten, ohne formal korrekt ausgetreten zu sein. Bei einigen Gemeinschaften, etwa den Gemeinden des Bundes Freier evangelischer Gemeinden, sind nur die erwachsenen Mitglieder angegeben, zu denen noch Familienmitglieder wie ungetaufte Kinder sowie der Gemeinde ohne Mitgliedschaft verbundene Interessierte zu zählen sind. Die angegebenen Mitgliederzahlen basieren auf einschlägigen Handbüchern (Kirchliches Jahrbuch; E. Gatz [Hg.]: Geschichte des kirchlichen Lebens in den deutschsprachigen Ländern seit dem Ende des 18. Jahrhunderts. Die Katholische Kirche, Bd. 1: Die Bistümer und ihre Pfarreien, 1991; Annuario Pontificio; H. Kirchner [Hg.]: Freikirchen und konfessionelle Minderheitskirchen. Ein Handbuch, 1987; D. Müntz, H. Wachowitz: Kirchen und Religionsgemeinschaften in der DDR ohne den Bund Evangelischer Kirchen in der DDR, die Römisch-Katholische und die Russische-Orthodoxe Kirche sowie den Verband Jüdischer Gemeinden in der DDR. Handbuch, 1988), auf der von D. Pollack (Kirche in der Organisationsgesellschaft, Teil 4) vorgelegten Zusammenführung unterschiedlicher Datenquellen sowie auf weiterer Sekundärliteratur.

| Kirche | Mitgliederzahl |
|---|---|
| **1. Evangelische Landeskirchen** | 1946: 14963000* (ca. 81%) |
| | 1964: 10100000* (ca. 60%) |
| | 1990: 3900000 (ca. 24%) |
| Ev.-Lutherische Landeskirche Sachsens | 1950: 4402000 |
| | 1970: 2741000 |
| | 1990: 1407000 |
| Ev. Kirche der Kirchenprovinz Sachsen | 1950: 3460000 |
| | 1978: 1600000 |
| | 1990: 700000 |
| Ev. Kirche in Berlin-Brandenburg | 1950: 3010000 |
| (Region Ost) | 1970: 1256000 |
| | 1985: 875000 |
| Ev.-Lutherische Landeskirche in | 1946: 1800000 |
| Thüringen | 1970: 1000000 |
| | 1990: 752000 |
| Ev.-Lutherische Landeskirche | 1950: 1200000 |
| Mecklenburgs | 1970: 859000 |
| | 1990: 400000 |
| Pommersche Ev. Kirche | 1950: 680000 |
| (Ev. Landeskirche Greifswald) | 1971: 450000 |
| | 1990: 200000 |
| Ev. Landeskirche Anhalts | 1950: 380000 |
| | 1970: 276000 |
| | 1990: 120000 |
| Ev. Kirche von Schlesien (Ev. Kirche | 1950: 230000 |
| des Görlitzer Kirchengebietes) | 1970: 150000 |
| | 1990: 85000 |
| **2. Römisch-katholische Kirche** | 1946: 2233000* (ca. 12%) |
| | 1964: 1375000* (ca. 8%) |
| | 1975: 1200.00 (ca. 7%) |
| | 1990: 750000 (ca. 5%) |
| Bistum Berlin | 1950: 657000 (einschließlich West-Berlin) |
| | 1960: 284000 (ohne West-Berlin) |
| | 1970: 218000 (ohne West-Berlin) |
| | 1980: 165000 (ohne West-Berlin) |
| Bistum (Dresden-)Meißen | 1950: 580000 |
| | 1970: 318000 |
| | 1990: 248000 |
| Jurisdiktionsbezirk Magdeburg | 1950: 527000 |
| (→ Bistum Paderborn) | 1970: 324000 |
| | 1990: 220000 |

| Kirche | Mitgliederzahl |
|---|---|
| Jurisdiktionsbezirk Erfurt (→ Bistum Fulda) und Jurisdiktionsbezirk Meiningen (→ Bistum Würzburg) | 1950: 344 000/44 000<br>1975: 280 000<br>(Bischöfl. Amt Erfurt-Meiningen)<br>1990: 233 000<br>(Bischöfl. Amt Erfurt-Meiningen) |
| Jurisdiktionsbezirk Görlitz (→ Bistum Breslau) | 1950: 98 000<br>1970: 71 000<br>1990: 60 000 |
| Jurisdiktionsbezirk Schwerin (→ Bistum Osnabrück) | 1950: 173 000<br>1970: 107 000<br>1990: 74 000 |
| **3. Freikirchen** | |
| Ev.-methodistische Kirche (1968 aus der Verbindung von Bischöfl. Methodistenkirche und Ev. Gemeinschaft entstanden) | 1955: 30 000<br>1972: 27 600 |
| Bund Evangelisch-Freikirchlicher Gemeinden in der DDR (BEFG) | 1950: 32 000<br>1968: 25 600<br>1990: 17 800 |
| Gemeinschaft der Siebenten-Tags-Adventisten | 1987: 10 000 |
| Ev.-lutherische (altlutherische) Kirche | 1987: 7500 |
| Kirchenbund Ev.-Reformierter Gemeinden in der DDR | 1987: 3500 |
| Ev.-Lutherische Freikirche | 1987: 3200 |
| Ev. Brüderunität (Herrnhuter Brüdergemeine) | 1946: 5500<br>1990: 2700 |
| Altkath. Kirche | 1987: 1200 |
| Bund Freier ev. Gemeinden (BFeG) | 1987: 1000 |
| Mennoniten-Gemeinde in der DDR | 1987: 300 |
| Religiöse Gesellschaft der Freunde (Quäker) | 1987: 50 |
| **4. Sonstige Gemeinschaften (in Auswahl)** | |
| Neuapostolische Kirche | 1987: 80 000<br>(zusätzlich 20 000 in Abspaltungen) |
| Zeugen Jehovas | 1987: 20 000 |
| Christengemeinschaft | 1987: 5000 |
| Kirche Jesu Christi der Heiligen der Letzten Tage (Mormonen) | 1987: 4000 |
| Johannische Kirche | 1987: 3500 |
| Christian Science | 1987: 800 |
| **5. Konfessionslose** | 1946: 1 077 000* (ca. 6 %)<br>1964: 5 417 000* (ca. 32 %)<br>1990: 11 500 000 (ca. 70 %) |

**Das institutionelle Netzwerk der evangelischen Kirche in der DDR seit der Gründung des BEK**

**Evangelische Kirche in Deutschland (EKD)**

«besondere Gemeinschaft der ganzen Evangelischen Christenheit in Deutschland»

Unterstützung

**Bund der Evangelischen Kirchen in der DDR (BEK)**
- Synode
- Konferenz der Kirchenleitungen (KKL)
- Vorsitzender der KKL
- Sekretariat
- Kommissionen
- Theologische Studienabteilung beim BEK

**Ökumenischer Rat der Kirchen (ÖRK)**

**Arbeitsgemeinschaft christlicher Kirchen in der DDR (AGCK)**

**Konfessionelle Bünde**
- Lutherische Landeskirchen: Vereinigte Evang.-Lutherische Kirche in der DDR (VELK/DDR)
- Unierte Landeskirchen: Evang. Kirche der Union (EKU), Bereich Ost

**Landeskirchen und Kirchengemeinden in der Bundesrepublik**

Partnerschaften

**Evangelische Landeskirchen**
- Anhalt
- Berlin-Brandenburg
- Görlitz (Schlesien)
- Greifswald (Pommern)
- Kirchenprovinz Sachsen
- Mecklenburg
- Sachsen
- Thüringen
- [Herrnhuter Brüdergemeine]

**Diakonie**
– Diakonische Werke der Landeskirchen
– Dachverband: Diakonisches Werk – Innere Mission und Hilfswerk – der evangelischen Kirchen in der DDR

**Evangelische Akademien**

**Theologische Ausbildungsstätten**
– Staatliche Universitäten: Berlin, Leipzig, Halle, Jena, Rostock, Greifswald
– Kirchliche Ausbildungsstätten: Vorbereitungsschulen (Moritzburg, Potsdam, Naumburg), hochschulähnliche Ausbildungsstätten (Berlin, Naumburg, Leipzig), Predigerschulen für die nichtakademische Pfarrerausbildung (Berlin, Erfurt)

## Abkürzungen

| | |
|---|---|
| ACK | Arbeitsgemeinschaft christlicher Kirchen in Deutschland |
| AGCK | Arbeitsgemeinschaft christlicher Kirchen in der DDR |
| BEK | Bund der Evangelischen Kirchen in der DDR |
| BK | Bekennende Kirche |
| CDU | Christlich-Demokratische Union Deutschlands |
| ČSSR | Tschechoslowakische Sozialistische Republik |
| EKD | Evangelische Kirche in Deutschland |
| EKiBB | Evangelische Kirche in Berlin-Brandenburg |
| EKU | Evangelische Kirche der Union |
| FDJ | Freie Deutsche Jugend |
| KKL | Konferenz der Kirchenleitungen |
| KJ | Kirchliches Jahrbuch für die Evangelische Kirche in Deutschland |
| KPD | Kommunistische Partei Deutschlands |
| KPdSU | Kommunistische Partei der Sojwetunion |
| KSZE | Konferenz für Sicherheit und Zusammenarbeit in Europa |
| MfS | Ministerium für Staatssicherheit |
| NS | Nationalsozialismus |
| NSDAP | Nationalsozialistische Deutsche Arbeiterpartei |
| ÖRK | Ökumenischer Rat der Kirchen |
| SBZ | Sowjetische Besatzungszone |
| SED | Sozialistische Einheitspartei Deutschlands |
| SPD | Sozialdemokratische Partei Deutschlands |
| UdSSR | Union der Sozialistischen Sowjetrepubliken |
| UN | United Nations/Vereinte Nationen |
| VELK/DDR | Vereinigte Evang.-Lutherische Kirche in der DDR |
| ZK | Zentralkomitee |

# Literaturhinweise

## Quellen

BEK (Hg.): Kirche als Lerngemeinschaft. Dokumente aus der Arbeit des Bundes der Evangelischen Kirchen in der DDR, 1981.

BEK (Hg.): Gemeinsam unterwegs. Dokumente aus der Arbeit des Bundes der Evangelischen Kirchen in der DDR, 1989.

Besier, G.; Wolf, S. (Hgg.): Pfarrer, Christen und Katholiken. Das Ministerium für Staatssicherheit der ehemaligen DDR und die Kirchen, [2]1992.

Demke, C. (Hg.): Zwischen Anpassung und Verweigerung. Dokumente aus der Arbeit des Bundes der Evangelischen Kirchen in der DDR, [2]1995.

Falkenau, M. (Hg.): Kundgebungen. Worte, Erklärungen und Dokumente des Bundes der Evangelischen Kirchen in der DDR, 2 Bände, 1995/96.

Findeis, H.; Pollack, D. (Hgg.): Selbstbewahrung oder Selbstverlust. Bischöfe und Repräsentanten der evangelischen Kirchen in der DDR über ihr Leben. 17 Interviews, 1999.

Gremium zur Darstellung der Geschichte der Ostdeutschen Jährlichen Konferenz (Hg.): Eine offene Flanke zur Welt. Die Evangelisch-methodistische Kirche in der DDR. Dokumente und Erfahrungen, 1997.

Hartweg, F. (Hg.): SED und Kirche. Eine Dokumentation ihrer Beziehungen, 2 Bände, 1995.

Höllen, M. (Hg.): Loyale Distanz? Katholizismus und Kirchenpolitik in SBZ und DDR. Ein historischer Überblick in Dokumenten, 3 Bände, 1994–2000.

KJ: Kirchliches Jahrbuch für die Evangelische Kirche in Deutschland 72/75, 1945/48–117/118, 1990/91.

Lange, G. u. a. (Hgg.): Katholische Kirche – Sozialistischer Staat DDR. Dokumente und öffentliche Äußerungen 1945–1990, [2]1993.

Merzyn, F; Christoph, J. (Hgg.): Kundgebungen. Worte und Erklärungen der Evangelischen Kirche in Deutschland, 2 Bände, 1993/94.

Pilvousek, J. (Hg.): Kirchliches Leben im totalitären Staat. Quellentexte aus den Ordinariaten, 2 Bände, 1994–1998.

Schultze, H. (Hg.): Das Signal von Zeitz. Reaktionen der Kirche, des Staates und der Medien auf die Selbstverbrennung von Oskar Brüsewitz 1976. Eine Dokumentation, 1993.

Schultze, H. (Hg.): Stasi-Belastungen in den Kirchen? Die Debatten in den evangelischen Kirchen zu Befunden und Unterstellungen (1990–1996), in: Kirchliches Jahrbuch 123 (1996), 285–407.

## Neuere Forschungsüberblicke und Literaturberichte (in der Reihenfolge des Erscheinens)

Kösters, C.: Katholische Kirche und Katholizismus in der SBZ/DDR. Eine Bilanz neuerer Forschungen, in: Historisches Jahrbuch 121 (2001), 532–580.

Schultze, H.: Die Geschichte der evangelischen Kirchen in der DDR – Beobachtungen zur neuesten Entwicklung der Forschung, in: C. Lepp, K. Nowak (Hgg.): Evangelische Kirche im geteilten Deutschland (1945–1989/90), 2001, 277–294.

Dähn, H.; Heise, J. (Hgg.): Staat und Kirchen in der DDR. Zum Stand der zeithistorischen und sozialwissenschaftlichen Forschung, 2003.

Lepp, C.: 15 Jahre kirchengeschichtliche DDR-Forschung im wiedervereinigten Deutschland – ein Rückblick und Ausblick, in: Theologische Rundschau 70 (2005), 455–503.

Kösters, C.; Tischner, W.: Die katholische Kirche in der DDR-Gesellschaft: Ergebnisse, Thesen und Perspektiven, in: Dies. (Hgg.): Katholische Kirche in SBZ und DDR, 2005, 13–34.

Lepp, C.: Ausgeforscht? Überlegungen zu Stand und Perspektiven der Forschung zur Kirchengeschichte der DDR, in: Evangelische Arbeitsgemeinschaft für Kirchliche Zeitgeschichte. Mitteilungen 24 (2006), 93–101.

Kösters, C.; Kullmann, C.; Liedhegener, A.; Tischner, W.: Was kommt nach dem katholischen Milieu? Forschungsbericht zur Geschichte des Katholizismus in Deutschland in der zweiten Hälfte des 20. Jahrhunderts, in: Archiv für Sozialgeschichte 49 (2009), 485–526.

Lepp, C.: Die evangelischen Kirchen in der DDR im Focus der Forschung. Darstellungen und Quellensammlungen zu Einzelthemen, in: Theologische Rundschau 74 (2009), 309–353.

Fitschen, K.: Übersehen? Die Freikirchen in der DDR in der kirchlichen Zeitgeschichtsforschung, in: Kirchliche Zeitgeschichte 29 (2016), 19–28.

Lepp, C.: Christen und Kirchen in der DDR. Eine Nachlese, in: Theologische Rundschau 81 (2016), 48–73.

Röhrig, H.-J.: Kirche(n) in der DDR zwischen Kriegsende und politischer Wende. Ein Literaturbericht, in: Theologische Revue 115 (2019), 443–459.

## Literatur

Albrecht-Birkner, V.: Freiheit in Grenzen. Protestantismus in der DDR, 2018.

Beljakova, N.; Bremer, Th.; Kunter, K.: «Es gibt keinen Gott!» Kirchen und Kommunismus. Eine Konfliktgeschichte, 2016.

Deutscher Bundestag (Hg.): Materialien der Enquete-Kommission «Aufar-

beitung von Geschichte und Folgen der SED-Diktatur in Deutschland», Bd. 6: Rolle und Selbstverständnis der Kirchen in den verschiedenen Phasen der SED-Diktatur, 1995.
Greschat, M.: Die evangelische Christenheit und die deutsche Geschichte nach 1945. Weichenstellungen der Nachkriegszeit, 2002.
Greschat, M.: Protestantismus im Kalten Krieg. Kirche, Politik und Gesellschaft im geteilten Deutschland 1945–1963, 2010.
Große, L.: Einspruch! Das Verhältnis von Kirche und Staatssicherheit im Spiegel gegensätzlicher Überlieferungen, 2009.
Hacke, G.: Die Zeugen Jehovas im Dritten Reich und in der DDR. Feindbild und Verfolgungspraxis, 2011.
Maser, P.: Kirchen und Religionsgemeinschaften in der DDR 1949–1989. Ein Rückblick auf vierzig Jahre in Daten, Fakten und Meinungen, 1992.
Mau, R.: Eingebunden in den Realsozialismus? Die Evangelische Kirche als Problem der SED, 1994.
Mau, R.: Der Protestantismus im Osten Deutschlands (1945–1990), $^{3}$2014.
Pollack, D.: Kirche in der Organisationsgesellschaft. Zum Wandel der gesellschaftlichen Lage der evangelischen Kirchen in der DDR, 1994.
Richter, H.: Pietismus im Sozialismus. Die Herrnhuter Brüdergemeine in der DDR, 2009.
Schäfer, B.: Staat und katholische Kirche in der DDR, $^{2}$1999.
Schroeder, K.: Der SED-Staat. Geschichte und Strukturen der DDR 1949–1990, $^{3}$2013.
Wallmann, J.: Kirchengeschichte Deutschlands seit der Reformation, $^{7}$2012, 297–315.
Winter, F.: Auf dem Weg zur missionarischen Kirche. Christliche Existenz in der sozialistisch säkularen Welt. Die Region Ost, in: Geteilte Einheit. Die Evangelische Kirche in Berlin-Brandenburg 1961 bis 1990, 2000, 91–254.

# Personenregister

Katholische Bistümer um 1950
Ostsee
Nordsee
POLEN
NIEDER-
LANDE
Berlin
Ost-Berlin
West-Berlin
Hildesheim
Osnabrück
Münster
Breslau
Paderborn
Aachen
Köln
Fulda
Meißen
Lim-
burg
Trier
Würzburg
TSCHECHO-
SLOWAKEI
Mainz
Bamberg
Speyer
Eichstätt
Regensburg
Passau
FRANK-
REICH
Rottenburg
Augsburg
München-
Freising
Freiburg
SCHWEIZ
ÖSTERREICH
0 50 100 km
mehr als 33% katholisch
Innerdeutsche Grenze
Bistumsgrenzen
Grenze von West-Berlin